Johann Lafers

FRISCHE FEINE KÜCHE

Sonderausgabe der Naumann & Göbel Verlagsgesellschaft mbH
in der VEMAG Verlags- und Medien Aktiengesellschaft, Köln
Alle Rechte bei Gruner + Jahr AG & Co., Hamburg
Redaktion: Renate Peiler, Roswitha Schneider; Assistenz: Petra Orzcch
Layout: Jürgen Pengel
Grafik: Jessica Howe, Heike Diem, Michael Koch
Rezepte: Johann Lafer und »e&t«-Versuchsküche: Achim Ellmer, Clarence Brown
Alle Food- und Gerätefotos: Richard Stradtmann; Arrangements: Imke Fischer
Sonstige Fotos: Peter Göbbels, Rico Rossival (ZDF)
Schlußredaktion: Karen Köhler
Gesamtherstellung: Naumann & Göbel Verlagsgesellschaft mbH, Köln
Alle Rechte vorbehalten
ISBN 3-625-10966-2

essen & trinken

Johann Lafers
FRISCHE FEINE KÜCHE
Genießen auf gut deutsch

Das Buch zur erfolgreichen ZDF-3sat-Serie
mit Rezepten von Johann Lafer
und der »essen & trinken«-Versuchsküche

NAUMANN & GÖBEL

INHALT

EINFÜHRUNG 6–7

HAUPTGERICHTE 30–83

BEILAGEN 84–95

BACKEN 114–135

PROFITIPS

VORSPEISEN 8–29

**REZEPT-REGISTER
156-160**

DESSERTS 96–113

136–153

GERÄTE 154–155

5

JOHANN LAFERS FRISCHE FEINE KÜCHE

Zwei Monate Dreharbeiten für 30 neue Folgen der TV–Erfolgsserie „Genießen auf gut deutsch – Lafers frische Küche", die für die Sendungen Nr. 87 bis 116 den Zusatz „fein" erhielt. Als der 2–Sterne–Koch Johann Lafer und »essen & trinken« vor vier Jahren mit der Zusammenarbeit begonnen haben, konnte niemand davon ausgehen, daß daraus so ein Dauerbrenner werden würde

Stolz: Die Goldene Herdplatte für Johann Lafer

Hoch konzentriert: Joha

Während Lafer und der Stargast der 100. Sendung, Johannes B. Kerner, über die Arbeit im TV- Studio fachsimpeln, schreitet Maskenbildnerin Jutta Magdorf mit Puder zur Tat. Nichts wäre im Fernsehen schlimmer, als sähe man der Arbeit den Schweiß an. Nach der Aufnahme: S. Voss und P. Heim (Kamera) überprüfen ihre Arbeit am Studiomonitor

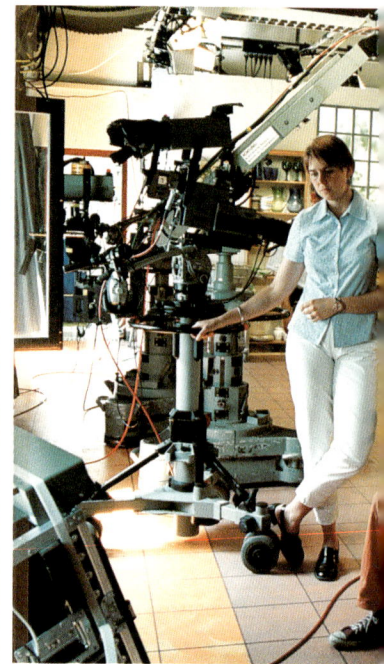

– DIREKT AUS DEM FERNSEH-STUDIO

Vertieft: Regisseur Manuel Kock am Regiepult

Lafer und Assi Stefanie Olbertz unmittelbar vor der Aufzeichnung

Begeistert: Gaby Brauer, Michael Ames (3sat)

Wenn Lafer im letzten Moment, kurz vor der Aufzeichnung, noch etwas besseres, kreativeres zum Rezept einfällt, gibt es eine kleine Konferenz im Studio, in der Lafer seine Änderungswünsche erläutert – und in 99 Prozent der Fälle auch durchsetzt. Hier berät er sich mit »e&t«-Redakteurin Renate Peiler und Regisseur Manuel Kock

7

VORSPEISEN
Delikate Köstlichkeiten, die au

Sauerkraut-Reibekuchen mit Lachstatar

Für 4 Portionen:

Reibekuchen
500 g Kartoffeln
(festkochend)
100 g Sauerkraut
4 Eigelb (Kl. M)
2 El Crème fraîche
1 Knoblauchzehe
(fein gewürfelt)
Salz
Muskatnuß
(frisch gerieben)
100 g Butterschmalz

Lachstatar
100 g Lachsfilet
(ohne Haut und Gräten)
100 g Räucherlachs
1 große Schalotte
Salz, Pfeffer
1/2 Tl Korianderkörner
(Mühle)
Saft von 1/2 Zitrone
4 El Olivenöl

Sauce
3 El Crème fraîche
Saft von 1 Zitrone
2 El Milch
Salz, Pfeffer
2 El Dill (gehackt)

Außerdem
1 Chicoreekolben
1 kleiner Kopf Radicchio
Dillästchen für die
Dekoration

1. Die Kartoffeln schälen, waschen, auf der Haushaltsreibe grob in ein Tuch raspeln und auspressen. Das Sauerkraut in einem Tuch abtropfen lassen, auspressen und grob zerzupfen. Zu lange Krautfäden mit dem Messer zerschneiden.

2. Die Kartoffeln mit dem Sauerkraut in einer Schüssel mischen. Eigelb, Crème fraîche und Knoblauch untermischen, herzhaft mit Salz und Muskat würzen.

3. Butterschmalz in einer großen Pfanne nicht zu stark erhitzen. 4 Teighäufchen hineinsetzen und mit dem Löffel rund und flach formen. Die Reibekuchen bei milder Hitze auf beiden Seiten in etwa 5–8 Minuten goldbraun backen.

4. Inzwischen für das Tatar frischen Lachs und Räucherlachs mit dem Messer ganz fein würfeln. Die Schalotte fein würfeln, kurz mit heißem Wasser überbrühen und abtropfen lassen. Die Fischwürfel in einer Schüssel mischen, salzen, pfeffern und mit Koriander würzen. Mit Zitronensaft abschmecken. Das Öl und die Schalottenwürfel unterrühren.

5. Für die Sauce die Crème fraîche mit Zitronensaft und Milch verrühren, salzen, pfeffern und den gehackten Dill unterrühren. Die Sauce bei milder Hitze flüssig und lauwarm werden lassen.

6. Die Reibekuchen auf Küchenpapier abtropfen lassen. Die Salate putzen, in einzelne Blätter zerlegen und auf einer Platte nebeneinander ausbreiten. Die Reibekuchen darauf anrichten. Mit 2 Löffeln aus dem Tatar kleine Nocken abstechen und fest zusammendrücken. Die Lachsnocken auf die Reibekuchen setzen, mit der Sauce beträufeln, mit Dillästchen dekorieren und sofort servieren.

Zubereitungszeit: 45 Minuten
Pro Portion 18 g E, 44 g F, 23 g KH = 566 kcal (2372 kJ)

VORSPEISEN

Scharfer Putenbrustsalat mit Chili

Für 4 Portionen:
200 g chinesische Suppennudeln
Salz
4 El Öl
300 g Putenbrust
200 g Shiitake-Pilze
2 gelbe Paprikaschoten
(à 200 g)
80 g Rauke
1 Knoblauchzehe
3 El Sweet-Chili-Sauce
Chili (Mühle)
1 Tl Balsamessig
1 kleiner Kopfsalat
50 g weiße und schwarze Sesamsaat
(ohne Fett geröstet)

1. Die Suppennudeln nach Packungsweisung in Salzwasser mit 1 El Öl garen, abschrecken, abtropfen lassen und mit der Küchenschere kleinschneiden. Die Putenbrust in feine Streifen schneiden. Die Shiitake-Pilze putzen, die Stiele abschneiden, die Köpfe kleinwürfeln. Die Paprikaschoten halbieren, entkernen, waschen, mit dem Sparschäler schälen und in Rauten (1 cm) schneiden. Die Rauke putzen, die Stiele entfernen, die Blätter waschen und in feine Streifen schneiden. Die Knoblauchzehe fein würfeln.

2. Das restliche Öl in einer großen Pfanne erhitzen. Die Putenbruststreifen darin anbraten. Die Pilze zugeben und kurz mitbraten. Paprika unterrühren, mit Knoblauch, Salz, Chilisauce, gemahlenem Chili und Balsamessig würzen. Die Suppennudeln einschwenken und erwärmen. Zum Schluß die Rauke unterziehen.

3. Die Herzblätter vom Kopfsalat auf einer Platte ausbreiten. Den Salat darin anrichten, mit Sesam bestreuen und servieren.

Zubereitungszeit: 1 Stunde
Pro Portion 30 g E, 18 g F, 47 g KH = 475 kcal (1986 kJ)

VORSPEISEN

Lammquiche mit Spinat

Für 4–6 Portionen:

Teig
200 g Mehl
100 g kalte Butter
1 Ei
Salz
Mehl zum Bearbeiten
Butter für die Form
Linsen zum Blindbacken

Belag
2 El Öl
400 g Lammhackfleisch (beim Metzger bestellen)
1 El feine Knoblauchwürfel
300 g junger Spinat
40 g Butter
100 g Schalotten
Salz, Pfeffer
Muskatnuß (frisch gerieben)

Guß
50 g Magermilchjoghurt
1/8 l Milch
Salz
1 Tl Currypulver
2 Eier
1 Tl gehackte Thymianblättchen
1 Tl feingehackte Rosmarinnadeln
40 g Blauschimmelkäse

1. Mehl und Butter mit den Händen verkneten. Das Ei zugeben und unterkneten. Den Teig salzen und zum Schluß 1 El kaltes Wasser unterarbeiten. Aus dem Teig eine Kugel formen, in Klarsichtfolie einschlagen und 2 Stunden im Kühlschrank durchkühlen lassen. Wichtig: Dieser Teig darf nicht mit der Küchenmaschine geknetet werden.

2. Klarsichtfolie auf der Arbeitsfläche ausbreiten und mit Mehl bestreuen. Die Teigkugel darauf flachdrücken, mit Mehl bestäuben und mit der Teigrolle rund und 1/2 cm dünn ausrollen. Eine Quicheform (26 cm Ø) umgedreht auf den Teig legen. Den Teig etwa 2 cm größer als die Form rundherum ausschneiden. Die Form mit Butter ausstreichen. Den Teig mit der Folie nach oben hineinlegen. Den Rand mit den Fingern fest an die Form drücken. Die Folie abziehen. Den überstehenden Teigrand mit dem Messer flach abschneiden.

3. Den Teig mit der Gabel mehrmals einstechen. Backpapier auf den Teig geben und mit Linsen bestreuen. Den Teig im vorgeheizten Backofen auf der 2. Einschubleiste von unten 15 Minuten bei 250 Grad „blindbacken" (Gas 5–6, Umluft 15–20 Minuten bei 230 Grad).

4. Inzwischen das Öl in einer Pfanne erhitzen. Das Lammhack darin mit Knoblauch unter gelegentlichem Rühren so lange bei milder Hitze braten, bis es braun geröstet ist, trocken bröselig zerfällt und die Flüssigkeit verdampft ist.

5. Den Spinat putzen, gründlich waschen, gut abtropfen lassen. Die Blätter grob zerkleinern. Die Butter in einer Pfanne zerlassen. Die Schalotten darin glasig dünsten. Den Spinat unterrühren und nur kurz zusammenfallen lassen. Den Spinat salzen, pfeffern und mit Muskat würzen. Den Spinat unter das Lammhack rühren.

6. Den vorgebackenen Teig aus dem Ofen nehmen, das Papier mit den Linsen abnehmen. Den Teig etwas abkühlen lassen.

7. Für den Guß Joghurt mit Milch verrühren, mit Salz und Curry würzen. Eier unterrühren. Thymian und Rosmarin sowie den Blauschimmelkäse hineingeben und mit dem Schneidstab unterarbeiten.

8. Die Spinatmischung auf den Teig geben, gleichmäßig verteilen und mit dem Eierguß übergießen.

9. Die Quiche im vorgeheizten Backofen auf der 2. Einschubleiste von unten 35 Minuten bei 200 Grad backen (Gas 3, Umluft 30 Minuten bei 190 Grad). Warm in der Form servieren.

Dazu paßt eine kalte Ratatouille-Vinaigrette.

Zubereitungszeit: 1 Stunde, 30 Minuten (plus Zeit zum Kühlen für den Teig)
Pro Portion (bei 6 Portionen) 25 g E, 29 g F, 30 g KH = 489 kcal (2044 kJ)

VORSPEISEN

Garnelenspieße mit Tomatenkompott

Für 4 Portionen:

Spieße

16 Garnelenschwänze (ohne Schale)
16 kleine Salbeiblätter
8 Scheiben Frühstücksspeck (halbiert)
12 Kirschtomaten
2 El Öl, Salz, Pfeffer

Kompott

400 g große Tomaten
Salz, Pfeffer
1 El Thymianblättchen
2 Knoblauchzehen (gehackt)
3 El Öl
2 El Schalottenwürfel
1 El Honig
300 ml Tomatensaft

1. Jede Garnele mit einem Salbeiblatt und mit einer Speckscheibe umwickeln. Abwechselnd mit Kirschtomaten auf Grillspieße ziehen. Pro Spieß: 4 Garnelen und 3 Tomaten.

2. Für das Kompott die Tomaten erst überbrühen, dann abschrecken, häuten, vierteln und entkernen. Auf ein Backblech legen, salzen und pfeffern, mit dem Thymian und der Hälfte des gehackten Knoblauchs würzen. Im vorgeheizten Backofen auf der 2. Einschubleiste von unten 10–12 Minuten bei 120 Grad garen (Gas 1, Umluft 5–8 Minuten bei 90 Grad). Sie dürfen nicht zu weich werden.

3. 1 El Öl in einer Pfanne erhitzen. Restlichen Knoblauch und Schalotten darin glasig andünsten. Den Honig dazugießen, mit Tomatensaft aufgießen, salzen und etwas einkochen lassen.

4. Restliches Öl in einer Grillpfanne erhitzen. Die Spieße darin rundherum langsam braten, salzen und pfeffern.

5. Tomatenviertel zur Sauce geben, salzen und pfeffern. Zu den Spießen servieren.

Zubereitungszeit: 1 Stunde
Pro Portion 24 g E, 33 g F, 13 g KH = 441 kcal (1845 kJ)

VORSPEISEN

Kartoffelsuppe mit Steinpilzen

Für 4 Portionen:
400 g große Kartoffeln
600 ml Hühnerbrühe
2 El Butterschmalz
50 g durchwachsener Speck (gewürfelt)
100 g frische Steinpilze
1 El Walnußöl
Salz, Pfeffer
Muskatnuß (frisch gerieben)
2 El Crème fraîche
Liebstöckelblätter für die Dekoration

1. Die Kartoffeln schälen. 1 Kartoffel in kleine Würfel schneiden, die anderen vierteln.

2. Die Kartoffelviertel in der Hühnerbrühe etwa 20 Minuten garen.

3. Inzwischen das Butterschmalz in einer Pfanne erhitzen, die Kartoffelwürfel darin unter Schwenken goldbraun braten, dann den Speck zugeben und mitbraten. Die Kartoffelwürfel nach dem Braten auf Küchenpapier abtropfen lassen.

4. Die Steinpilze putzen, mit einem feuchten Tuch abreiben und längs in Scheiben schneiden. Das Walnußöl in einer Pfanne erhitzen. Die Steinpilze darin langsam von beiden Seiten bei milder Hitze braten. Anschließend auf Küchenpapier abtropfen lassen.

5. Die Kartoffelviertel mit dem Schneidstab in der Hühnerbrühe pürieren, salzen, pfeffern und mit Muskat würzen.

6. Die Crème fraîche in einem kleinen Topf erwärmen und mit dem Schneebesen glattrühren.

7. Die Kartoffelsuppe in vorgewärmten Tellern anrichten. Kartoffelwürfel und Steinpilze portionsweise als Einlage hineingeben. Die Suppe zum Schluß mit Crème fraîche beträufeln und mit Liebstöckelblättern dekorieren.

Zubereitungszeit: 1 Stunde
Pro Portion 15 g E, 24 g F, 21 g KH = 328 kcal (1372 kJ)

VORSPEISEN

Chickenwings

Für 4 Portionen:
16 Hühnchenflügel (insgesamt 900 g)
250 ml Ketchup
1 Tl Paprikapulver
Saft von 1 Limette
1 El Tabasco
4 El Weißweinessig
Salz
1 Tl Oreganoblättchen
4 El Butterschmalz
20 g Butter
1 rote Zwiebel (gewürfelt)
100 ml Geflügelfond
Chili (Mühle)
2 El glatte Petersilie (gehackt)

1. Von den Hühnerflügeln die Spitzen im Gelenk abschneiden.

2. Für die Marinade Ketchup mit Paprikapulver, Limettensaft, Tabasco, Essig, 1 Prise Salz und Oregano verrühren. Die Hühnchenflügel so hineinlegen, daß sie vollständig bedeckt sind, mit Klarsichtfolie zudecken und 24 Stunden im Kühlschrank marinieren.

3. Die Marinade von den Hühnchenflügeln abstreifen und aufbewahren. Die Flügel mit Küchenpapier trockentupfen. Das Butterschmalz in einer breiten, tiefen Pfanne erhitzen. Die Flügel darin in 7–10 Minuten rundherum knusprig braun braten.

4. Inzwischen für die Sauce die Butter schmelzen, die Zwiebel darin glasig dünsten. Den Geflügelfond zugießen und etwas einkochen lassen. Die Marinade unterrühren und kurz mitkochen. Die Sauce mit Salz und Chili würzen. Die Petersilie unterziehen.

5. Die Chickenwings auf Küchenpapier abtropfen lassen, mit der Sauce auf Eisbergsalat anrichten.

Zubereitungszeit: 30 Minuten (plus Marinierzeit)
Pro Portion 18 g E, 33 g F, 17 g KH = 438 kcal (1837 kJ)

Eisbergsalat mit Bärenfang-Vinaigrette

Für 4 Portionen:
200 g Eisbergsalat
2 El Balsamessig
Salz, Pfeffer
4 El Walnußöl
2 El Geflügelfond
20 ml Bärenfang (Honiglikör)
1 El glatte Petersilie (gehackt)

1. Den Salat putzen, waschen, gut abtropfen lassen, in breite Streifen schneiden und flach nebeneinander auf einer Platte ausbreiten.

2. Für die Sauce den Essig mit Salz und Pfeffer verrühren. Das Öl unterrühren und den Fond zugießen. Die Sauce mit Honiglikör würzen. Die Petersilie untermischen. Die Sauce über den Salat gießen, unterheben.

Den Eisbergsalat zu den Chickenwings servieren.

Zubereitungszeit: 15 Minuten
Pro Portion 0 g E, 10 g F, 2 g KH = 108 kcal (450 kJ)

VORSPEISEN

Orangenkompott mit Grapefruits

Gewürzkrapfen

Johannisbeer-Senf-Sauce

Hackfleisch-Kipferl

Wirsing-Halbmonde

Hackfleisch-Kipferl

Für 8 Stück:
360 g TK-Blätterteig
2 El Butterschmalz
2 El Champignonwürfel
3 Schalotten (gewürfelt)
350 g Rinderhack
1 Knoblauchzehe
(fein gewürfelt)
1 Tl Thymianblättchen
(fein gehackt)
1 Tl Rosmarinnadeln
(fein gehackt)
Salz, Pfeffer
100 ml Kalbfond
1 El glatte Petersilie
(gehackt)
1 El Senf
Mehl zum Arbeiten
3 Eigelb zum Bepinseln
Fett fürs Backblech

1. Den Blätterteig im Kühlschrank auftauen lassen.

2. Das Butterschmalz in einer Pfanne erhitzen. Champignons, Schalotten und Hackfleisch darin so lange anbraten, bis das Hackfleisch bröselig wird. Knoblauch, Thymian und Rosmarin zugeben. Herzhaft mit Salz und Pfeffer würzen. Den Kalbsfond zugießen und cremig einkochen lassen. Die Petersilie und den Senf unterrühren. Die Füllung abkühlen lassen.

3. Den Blätterteig auf der bemehlten Arbeitsfläche dünn ausrollen, in 2 breite Streifen (12 x 24 cm) schneiden. Aus jedem Streifen 4 Dreiecke schneiden und diese mit der breiten Seite nach unten auf die Arbeitsfläche legen. Auf die breite Unterseite jeweils etwas Füllung setzen. Das Eigelb verquirlen, die Teigränder damit einpinseln. Die Dreiecke von der breiten Seite zur Spitze hin zusammenrollen. Dabei gleich die Enden fest zusammendrücken. Die fertigen Rollen sichelförmig biegen. Die Kipferl mit Eigelb bepinseln.

4. Das Backblech einfetten und mit Backpapier auslegen. Die Kipferl darauf setzen. Im vorgeheizten Backofen auf der 2. Einschubleiste von unten etwa 15 Minuten bei 180 Grad backen (Gas 2–3, Umluft 20 Minuten bei 200 Grad).

Die Hackfleisch-Kipferl leicht abkühlen lassen und als kleinen Snack servieren.

Zubereitungszeit: 1 Stunde
Pro Stück 12 g E, 28 g F, 20 g KH = 370 kcal (1552 kJ)

Wirsing-Halbmonde

Für 24 Stück:
450 g TK-Blätterteig
350 g Wirsing
1 El Butterschmalz
80 g Zwiebelwürfel
80 g durchwachsener Speck (gewürfelt)
1 Tl Mehl
75 ml Kalbsfond
75 ml Schlagsahne
Salz, Pfeffer
Kümmel (Mühle)
Muskatnuß
(frisch gerieben)
2 El glatte Petersilie
(gehackt)
Mehl zum Bearbeiten
2 Eigelb zum Bepinseln
Fett für das Backblech

1. Den Blätterteig im Kühlschrank auftauen lassen. Den Strunk aus dem Kohlkopf herausschneiden. Die äußeren Blätter entfernen. Restliche Blätter ablösen, aufeinander legen und in kleine Würfel schneiden.

2. Das Butterschmalz in einer Pfanne erhitzen. Zwiebel- und Speckwürfel darin glasig dünsten. Den Wirsing dazugeben und dünsten. Das Mehl darübersieben und alles kurz braten. Den Kalbsfond und die Sahne zugießen. Herzhaft mit Salz, Pfeffer, Kümmel und Muskat würzen. Die Sauce cremig einkochen lassen und die Petersilie untermischen. Die Füllung in eine Schüssel geben und abkühlen lassen.

3. Die Blätterteigplatten auf der bemehlten Arbeitsfläche ausrollen und mit einem Ausstecher (10–12 cm Ø) 24 Kreise ausstechen. Auf die eine Kreishälfte ein Häufchen Füllung setzen. Das Eigelb verquirlen, die Teigränder damit einpinseln. Die Kreise zu Halbmonden zusammenklappen. Die Ränder andrücken und mit den Zinken einer Gabel fest zusammendrücken (oder den Teig in Quadrate schneiden, füllen und zu Hörnchen formen).

4. Das Backblech einfetten und mit Backpapier auslegen. Die Halbmonde darauf legen. Im vorgeheizten Backofen auf der 2. Einschubleiste von unten 15–20 Minuten bei 200 Grad backen (Gas 3, Umluft 10–15 Minuten bei 200 Grad).

Die Wirsing-Halbmonde etwas abkühlen lassen und mit einer Johannisbeer-Senf-Sauce servieren.

Zubereitungszeit: 1 Stunde
Pro Stück 2 g E, 10 g F, 8 g KH = 130 kcal (546 kJ)

Johannisbeer-Senf-Sauce

Für 4 Portionen 120 g Johannisbeerkonfitüre mit 1 Tl Dijonsenf und 2 El Orangensaft glattrühren. Von 1/2 Orange (unbehandelt) die Schale (ohne die weiße Innenhaut) in sehr feine Streifen schneiden und unter die Sauce rühren. Die Sauce mit Salz und Pfeffer würzen und als Dip zu den Wirsing-Halbmonden servieren.

Gewürzkrapfen

Für 25–30 Stück:
1/4 l lauwarme Milch
1 Würfel Hefe
600 g Mehl
60 g Zucker
4 Eigelb (Kl. M)
1 El Rum
abgeriebene Schale von je 1/2 Zitrone und Orange (unbehandelt)
1 Msp. Lebkuchengewürz
1 Msp. Piment
1 Msp. Zimtpulver
1 Msp. Kardamom
Gewürznelken (Mühle)
100 g zimmerwarme Butter
Mehl zum Bearbeiten
400 g Butterschmalz zum Fritieren
100 g Zimtzucker
30 g Puderzucker

1. Warme Milch, zerbröckelte Hefe, 200 g Mehl und Zucker verrühren, mit Klarsichtfolie zudecken und an einem warmen Platz etwa 20 Minuten gehen lassen. Das restliche Mehl, Eigelb, Rum, Zitronen- und Orangenschale, Lebkuchengewürz, Piment, Zimt, Kardamom und Nelke zum Vorteig geben. Alles in der Küchenmaschine gut verkneten, zum Schluß die Butter unterkneten. Den glatten Teig mit Klarsichtfolie zudecken, an einem warmen Platz in etwa 30 Minuten locker aufgehen lassen.

2. Den Teig auf der bemehlten Arbeitsfläche nicht zu dünn (fast 1 cm dick) ausrollen, mit einem Teigrädchen in Rauten (2 1/2–3 cm breit, 5 cm lang) schneiden. Jede Raute oben kreuzförmig etwas einritzen. Die Teigrauten mit einem Küchentuch zudecken und noch einmal 15 Minuten gehen lassen.

3. Das Butterschmalz in einer tiefen Pfanne erhitzen. Die Krapfen darin portionsweise schwimmend goldbraun ausbacken und anschließend auf Küchenpapier abtropfen lassen.

4. Die Gewürzkrapfen beim Anrichten mit Zimtzucker und Puderzucker bestreuen und mit Orangenkompott mit Grapefruits servieren.

Zubereitungszeit: 1 Stunde, 10 Minuten (plus Wartezeit)
Pro Stück (bei 30 Stücken)
3 g E, 9 g F, 22 g KH = 183 kcal (766 kJ)

Orangenkompott mit Grapefruits

Für 4 Portionen:
2 Grapefruits
2 Orangen
50 g Zucker
Mark aus 1 Vanilleschote
10 ml Granatapfelsirup (Grenadine)
Saft von 1/2 Zitrone
200 ml Orangensaft (frisch gepreßt)
1 El Pistazienkerne (grob gehackt)

1. Aus den Grapefruits und Orangen die Filets einzeln herauslösen.

2. Zucker, Vanillemark, Granatapfelsirup, Zitronen- und Orangensaft 10 Minuten leise kochen lassen.

3. Die Grapefruit- und Orangenfilets in die Sauce geben. Die Pistazien unterrühren. Die Sauce abkühlen lassen und zu den Gewürzkrapfen servieren.

Zubereitungszeit: 40 Minuten
Pro Portion 2 g E, 2 g F, 39 g KH = 201 kcal (842 kJ)

VORSPEISEN

Lammsülze mit Gemüse

Für 8–10 Portionen:

Weißer Tomatensaft

1,2 kg Tomatenviertel (vollreife Tomaten)
1 El Knoblauchviertel
80 g Zwiebelwürfel
100 ml Geflügelbrühe
Sternanis (Mühle)
Salz

Sülze

je 1 rote und gelbe Paprikaschote (à 200 g)
1 Zucchini (200 g)
1 Aubergine (180 g)
300 g Lammrückenfilet (küchenfertig)
4 El Olivenöl
Salz, Pfeffer
1 Tl fein gehackte Thymianblättchen
1 Tl fein gehackte Rosmarinnadeln
13–14 Blatt Gelatine

1. Tomaten, Knoblauch, Zwiebeln und Geflügelbrühe in einen Mixer geben und pürieren. Ein Passiertuch in ein großes Sieb legen. Das Sieb auf einen Topf legen. Das Tomatenpüree ins Tuch geben. Den Tomatensaft langsam abtropfen lassen (am besten über Nacht). 1 l weißen Tomatensaft abmessen und mit Sternanis und 1 Prise Salz einmal aufkochen.

2. Die Paprikaschoten putzen, vierteln, entkernen und etwas flachdrücken. Die Paprikaviertel auf ein Backblech legen und im vorgeheizten Backofen unter dem Grill 5–10 Minuten rösten. Das Blech aus dem Ofen nehmen, die Schoten mit einem feuchten Tuch zudecken, 10 Minuten ruhenlassen, anschließend schälen.

3. Inzwischen die Zucchini putzen, waschen und längs in 2 mm dünne Scheiben schneiden. Die Aubergine putzen, waschen und längs in 2 mm dünne Scheiben schneiden. Das Lammrückenfilet längs durchschneiden. Jede Hälfte noch einmal längs durchschneiden.

4. 2 El Öl in einer großen Pfanne erhitzen. Die Lammscheiben darin bei milder Hitze langsam von beiden Seiten anbraten. Das Fleisch anschließend salzen und pfeffern und mit Thymian und Rosmarin bestreuen. Das Fleisch umdrehen und kurz weiterbraten. Anschließend auf Küchenpapier abtropfen lassen.

5. Das restliche Öl in einer großen Pfanne erhitzen. Die Zucchinischeiben darin von beiden Seiten goldbraun braten, salzen und pfeffern. Die Aubergine im Lammbratfett von beiden Seiten goldbraun anbraten, salzen und pfeffern. Anschließend das Gemüse auf Küchenpapier abtropfen lassen.

6. Inzwischen die Gelatine in kaltem Wasser einweichen, gut ausdrücken und in den warmen weißen Tomatensaft geben und auflösen. Den Topf auf Eiswürfel stellen. Den Tomatensaft leicht dickflüssig gelieren lassen.

7. Eine Terrinenform (1 1/2 l) so mit Klarsichtfolie auslegen, daß ein großer Rand übersteht. Die Form auf Eiswürfel setzen. Den Boden mit Tomatengelee begießen. 2–4 Auberginenscheibe daraufgeben, etwas Gelee darübergießen und fest werden lassen. 1 Schicht Lammscheiben drauflegen. Wieder etwas Gelee daraufgießen und fest werden lassen. Das Fleisch mit gelbem Paprika belegen, festdrücken, etwas Gelee angießen und fest werden lassen. Zucchinischeiben daraufgeben, Gelee angießen und fest werden lassen. Jetzt wieder Lammfleisch einschichten, mit rotem Paprika belegen, festdrücken und wieder Gelee angießen.

8. Die Terrine mit Klarsichtfolie verschließen. Die Sülze im Kühlschrank in 3–4 Stunden fest werden lassen.

9. Die Sülze mit der Folie auf eine Platte stürzen. Die Folie abziehen. Ein Messer in heißes Wasser tauchen und die Sülze in dicke Scheiben schneiden.

Dazu paßt eine Basilikum-Vinaigrette.

Zubereitungszeit: 1 Stunde, 15 Minuten (plus Zeit zum Kühlen und Zeit für den Tomatensaft)
Pro Portion (bei 10 Portionen)
9 g E, 8 g F, 3 g KH = 126 kcal (527 kJ)

VORSPEISEN

Gemüsekuchen

Für 4 Portionen:

Mürbeteig

230 g Mehl
120 g Butter (gewürfelt)
Salz, Pfeffer
Mehl zum Bearbeiten
Butter für die Form
getrocknete Erbsen
zum Blindbacken

Belag

2 El Butter
100 g Möhren
(feine Scheiben)
100 g Frühlings-
zwiebeln (Rauten)
Salz, Pfeffer
140 g rote Paprika
(geschälte Rauten)
150 g TK-Erbsen
100 g Radieschen
(Scheiben)
2 Knoblauchzehen
(fein gewürfelt)
2 frische Lorbeerblätter
80 g Bergkäse
(frisch gerieben)

Guß

3 Eier (Kl. M.)
100 g Crème fraîche
1 Knoblauchzehe
(fein gewürfelt)
Salz, Pfeffer
100 ml Schlagsahne
1 El glatte Petersilie
(gehackt)

1. Mehl, Butter, 6 El Wasser, Salz und Pfeffer zu einem glatten Teig verkneten. Den Teig in Klarsichtfolie wickeln und 1 Stunde kalt stellen.

2. Den Teig auf der bemehlten Arbeitsfläche 4 mm dick und etwas größer als die Pizzaform (26 cm Ø) ausrollen. Die Form mit Butter einfetten. Den Teig hineingeben, an den Seiten etwas hochziehen und am Rand andrücken. Den überstehenden Teig abschneiden. Den Teigboden mehrmals mit einer Gabel einstechen. Backpapier darauflegen und die Erbsen daraufstreuen.

3. Den Teig im vorgeheizten Backofen auf der 2. Einschubleiste von unten 15 Minuten bei 200 Grad „blindbacken" (Gas 3, Umluft 15 Minuten bei 180 Grad).

4. Für den Belag die Butter in einer nicht zu stark erhitzten Pfanne zerlaufen lassen. Zuerst Möhren und Frühlingszwiebeln darin anbraten, salzen und pfeffern. Paprika, Erbsen und Radieschen zugeben und braten, wieder salzen und pfeffern. Knoblauch untermischen. Lorbeer in ganz feine Würfel schneiden und das Gemüse damit würzen. Das Gemüse auf den Teigboden geben und gleichmäßig mit Käse bestreuen.

5. Für den Guß die Eier mit Crème fraîche, Knoblauch, Salz, Pfeffer, Schlagsahne und Petersilie verrühren. Den Eierguß gleichmäßig auf das Gemüse gießen.

6. Den Gemüsekuchen im Backofen auf der 2. Einschubleiste von unten 30 Minuten bei 200 Grad backen (Gas 3, Umluft 20–25 Minuten bei 180 Grad). Den Gemüsekuchen in der Form servieren.

Dazu paßt eine Tomatensauce mit Basilikum.

Zubereitungszeit: 1 Stunde, 30 Minuten (plus Zeit zum Kühlen)
Pro Portion 23 g E, 64 g F, 58 g KH = 900 kcal (3765 kJ)

Tomatensauce mit Basilikum

Für 4 Portionen:

1 kg Tomaten
3 El Olivenöl
50 g Schalotten
(fein gewürfelt)
2 Knoblauchzehen
(fein gewürfelt)
120 ml Tomatensaft
1 Kräutersträußchen
(Thymian, Lorbeer, Rosmarin)
Zucker
Salz
Chili (frisch gemahlen)
1 El Basilikumblätter
(gezupft)

1. Die Tomaten auf der runden Seite über Kreuz einritzen, portionsweise kurz in kochendes Wasser geben, in kaltem Wasser abschrecken und pellen. Die Tomaten vierteln und entkernen.

2. Das Öl erhitzen. Die Schalotten- und Knoblauchwürfel darin glasig dünsten, mit Tomatensaft ablöschen. Das Kräutersträußchen zugeben. Die Tomatensauce 15 Minuten leise kochen, bis sie etwas sämig geworden ist. Das Kräutersträußchen entfernen. Die Sauce mit 1 Prise Zucker, Salz und Chili würzen. Die Tomatenviertel in die Sauce geben und bei milder Hitze 10 Minuten ziehen lassen.

3. Die Basilikumblätter kleinzupfen und ganz zum Schluß in die Sauce geben.

Die Tomatensauce mit Basilikum zum Gemüsekuchen reichen.

Zubereitungszeit: 45 Minuten
Pro Portion 3 g E, 8 g F, 9 g KH, = 120 kcal (507 kJ)

VORSPEISEN Herzhaftes und Süßes, knusprig vom Grill: als Imbi

Gegrillte Bananen mit Schokoladensauce

Bratwurst-Käse-Spieße im Speckmantel

Chilisauce

der kleines Sommerbuffet

Kaninchenspieße mit Oreganobutter

Joghurt-Gurken-Sauce mit Aprikosen

Gegrillte Poulardenbrust

VORSPEISEN

Bratwurst-Käse-Spieße im Speckmantel

Für 4 Portionen:
2 feine Bratwürste
(à 150 g)
200 g Bergkäse
8 Scheiben
Frühstücksspeck (150 g)
1–2 El Öl

1. Die Bratwurst in 1 1/2 cm dicke Scheiben schneiden. Den Käse in 1 1/2 cm große Würfel schneiden.

2. Bratwurst und Käse abwechselnd auf 4 Grillspieße stecken (3 Bratwurststücke/ 2 Käsewürfel). Jeden Spieß mit je 2 Speckscheiben umwickeln.

3. Die Grillpfanne mit wenig Öl einpinseln. Die Spieße darin ganz langsam bei mittlerer Hitze rundherum braten, damit außen der Speck nicht verbrennt, während innen Wurst und Käse noch roh sind. Beim Braten evtl. noch etwas Öl zugeben.

Zu den Spießen passen die Chilisauce und die Joghurt-Gurken-Sauce.

Zubereitungszeit: 30 Minuten
Pro Portion 25 g E, 66 g F, 0 g KH = 691 kcal (2893 kJ)

Gegrillte Poulardenbrust

Für 4 Portionen:
4 Poulardenbrüste
(à 180–200 g,
küchenfertig)
300 g Magermilchjoghurt
5 El Milch, Salz
1 Tl Kurkuma
2 El frische Ingwerwürfel
Chili (Mühle)
1 Tl Currypulver
(Madrascurry)
1 Tl Zucker

1. Die Poulardenbrüste von evtl. vorhandenen Sehnen befreien.

2. Für die Marinade den Joghurt mit der Milch verrühren und salzen. Den Joghurt herzhaft mit Kurkuma, Ingwer, Chili, Curry und Zucker würzen. Etwas Marinade in eine flache Arbeitsschale geben. Die Poulardenbrüste hineinlegen und mit der restlichen Marinade begießen. Das Fleisch zugedeckt im Kühlschrank 12–24 Stunden marinieren.

3. Die Poulardenbrüste aus der Marinade nehmen, dann mit Küchenpapier trockentupfen. Ein Backblech mit Alufolie auslegen. Die Poulardenbrüste mit der Hautseite nach oben darauflegen.

4. Die Poulardenbrüste im vorgeheizten Backofen auf der 2. Einschubleiste von unten 15 Minuten bei 200 Grad backen (Gas 3, Umluft 20–25 Minuten bei 180 Grad).

Zur gegrillten Poulardenbrust die Joghurt-Gurken-Sauce mit Aprikosen servieren. Es paßt aber auch die Chilisauce dazu.

Zubereitungszeit: 45 Minuten
(plus Zeit zum Marinieren)
Pro Portion 44 g E, 2 g F, 3 g KH = 208 kcal (871 kJ)

Joghurt-Gurken-Sauce mit Aprikosen

Für 4–6 Portionen:
1 Salatgurke (200 g)
Salz
150 g frische Aprikosen
200 g Joghurt
1 El gehacktes
Koriandergrün
1 Tl Paprika (edelsüß)
1 Tl feine
Knoblauchwürfel
Salz, Chili (Mühle)

1. Die Gurke schälen, längs halbieren, die Kerne mit einem Löffel herausschaben. Das Gurkenfleisch auf der Haushaltsreibe raspeln. Ein Sieb in einen Topf hängen und mit einem Tuch auslegen. Die Gurkenraspel hineingeben, salzen und 20 Minuten Wasser ziehen lassen. Inzwischen die Aprikosen ganz kurz überbrühen, abschrecken, häuten, halbieren, entsteinen und fein würfeln. Die Gurkenraspel im Tuch gut ausdrücken.

2. Den Joghurt mit Koriander, Paprika, Knoblauch, Gurke und Aprikosen verrühren, salzen und mit Chili würzen. Die Sauce zur gegrillten Poulardenbrust servieren.

Zubereitungszeit: 30 Minuten
Pro Portion (bei 6 Portionen)
2 g E, 1 g F, 4 g KH = 36 kcal (152 kJ)

Kaninchenspieße mit Oreganobutter

Für 4 Portionen:
4 Kaninchenfilets
(à 60–80 g)
je 1 gelbe und rote
Paprikaschote
4 kräftige
Rosmarinzweige
1–2 El Öl, 1 El Butter
Salz, Pfeffer
1 El frische
Oreganoblättchen

1. Kaninchenfilets in 1 1/2 cm große Würfel schneiden. Paprikaschoten putzen, waschen, ebenfalls in 1 1/2 cm große Würfel schneiden. Die Nadeln von den Rosmarinzweigen streifen, nur die Spitzen stehen lassen.

2. Zum Aufspießen Filetwürfel und Paprika erst mit einem Grillspieß durchbohren, dann immer abwechselnd auf die Rosmarinspieße aufziehen (vorne und hinten jeweils ein Filetstück).

3. Die Grillpfanne mit wenig Öl einpinseln. Die Kaninchenspieße bei milder Hitze rundherum ungefähr 5 Minuten braten. Das Fett darf dabei nicht rauchen. Die Spieße beim Grillen mit etwas Öl beträufeln.

4. Kurz bevor die Spieße fertig sind, die Butter in die Pfanne geben. Die Spieße mit Salz und Pfeffer würzen. Zum Schluß die Oreganoblättchen in die Butter geben. Die Spieße mit der Oreganobutter überglänzen.

Zubereitungszeit: 45 Minuten
Pro Portion 14 g E, 9 g F, 2 g KH = 151 kcal (633 kJ)

Gegrillte Bananen mit Schokoladensauce

Für 4 Portionen:
4 sehr feste Bananen
350 ml Schlagsahne
10 g frische Ingwerwürfel
200 g Halbbitter-
Kuvertüre
50 g gemahlene Mandeln
50 g brauner Zucker
1 Tl Zimtpulver

1. Die Bananen mit Schale auf den elektrischen Tischgrill legen und bei milder Hitze langsam von beiden Seiten 15 Minuten grillen.

2. Die Sahne mit Ingwer aufkochen. Die Kuvertüre hineinreiben und auflösen. Die Sauce bei milder Hitze 5 Minuten leise kochen lassen.

3. Die Bananenschalen längs aufschlitzen und auseinanderklappen. Jede Banane in 3 Stücke teilen und auf einen Dessertteller setzen.

4. Die Mandeln mit Zucker und Zimt mischen und auf die Bananen streuen. Die Schokoladensauce darüberträufeln. Die Bananen warm servieren.

Dazu paßt Vanilleeis.

Wichtig: Die Bananen immer auf einem Grill oder in der Grillpfanne grillen. Grillt man sie im Backofen, werden sie schleimig.

Zubereitungszeit: 30 Minuten
Pro Portion 11 g E, 39 g F, 76 g KH = 700 kcal (2929 kJ)

Chilisauce

Für 4–6 Portionen:
3 El brauner Zucker
1 El Schalottenwürfel
2 frische Chilischoten
(fein gewürfelt)
3 El Essig
5 El Hühnerbrühe
3 El Sojasauce
200 ml Tomatensaft
1 El Speisestärke
Salz, Chili (Mühle)

Zucker in einem Topf schmelzen. Schalotten- und Chiliwürfel darin andünsten, mit Essig ablöschen. Hühnerbrühe, Sojasauce und Tomatensaft dazugießen und 5–6 Minuten einkochen lassen. Speisestärke mit wenig kaltem Wasser verrühren. Die Sauce damit binden. Mit Salz und eventuell mit gemahlenem Chili würzen.

Die Chilisauce paßt zu den Bratwurst- und den Kaninchenspießen genauso gut wie zur Poulardenbrust.

Zubereitungszeit: 30 Minuten
Pro Portion (bei 6 Portionen)
1 g E, 0 g F, 12 g KH = 59 kcal (245 kJ)

HAUPTGERICHTE Gebraten und gesch

...ort: Rindfleisch, Schweinefleisch und Lamm

Minutensteaks auf Wintersalat

Für 4 Portionen:
Steaks

350 g Rinderhüfte
1 El Butterschmalz
1 El Schalottenstreifen
1 Tl Knoblauchwürfel
2 kleine Rosmarinzweige
2 Thymianzweige
Pfeffer
1 El Butter

Salat

1 kleine Fenchelknolle
(in dünnen Streifen)
6 Kirschtomaten
(in Vierteln)
100 g Feldsalat
100 g Rauke
Salz, Pfeffer
6–8 El Olivenöl
Saft von 1/2 Zitrone
1 El grobes Meersalz
1/2 Bund Kerbel

1. Das Fleisch quer zur Faser in kleine dünne Steaks schneiden.

2. Das Butterschmalz in einer großen Pfanne erhitzen. Die Steaks darin mit Schalotten, Knoblauch, Rosmarin und Thymian kurz braten. Die Steaks vor dem Umdrehen pfeffern. Nach dem Umdrehen die Butter in die Pfanne geben und die Steaks damit beschöpfen. Die Pfanne vom Herd nehmen, das Fleisch noch kurz nachziehen lassen.

3. Fenchel, Tomaten, Feldsalat und Rauke auf einer Salatplatte anrichten, salzen und pfeffern. Öl und Zitronensaft gleichmäßig darüber verteilen. Die Zutaten durchheben und mischen.

4. Die Minutensteaks auf dem Salat anrichten, mit dem Bratfett begießen. Zum Schluß das grobe Meersalz darüberstreuen, kleine Kerbelstiele darauf verteilen und servieren.

Zubereitungszeit: 40 Minuten
Pro Portion 21 g E, 30 g F, 5 g KH = 377 kcal (1580 kJ)

HAUPTGERICHTE

Pochiertes Schweinefilet mit Raukepesto und Salat

Für 4 Portionen:

Fleisch

600 g Schweinefilet (küchenfertig)
Salz, Pfeffer
20 g Butterschmalz
4 Schalotten
1 Stange Staudensellerie
3 Knoblauchzehen
2 Zweige Thymian
1 Tl weiße Pfefferkörner
2 Lorbeerblätter
300 ml Weißwein
700 ml Rinderfond

Pesto

1 Bund Rauke
60 g Pinienkerne (ohne Fett geröstet)
100 ml Öl
Saft von 1 Limette
3 Knoblauchzehen (halbiert)
40 g Hartkäse (frisch gerieben)
Salz

Salat

je 1/2 Bund Rauke und Löwenzahn
1 kleiner Kopfsalat
3 Schalotten (fein gewürfelt)
60 ml Rapsöl
Salz, Pfeffer
1 El glatte Petersilie (gehackt)
30 ml Balsamessig
1/2 Bund Kerbel

1. Vom Schweinefilet die Spitzen abschneiden und anderweitig verwenden (siehe Rezept unten). Das Filet, falls nötig, parieren (Haut und Sehnen abschneiden), rundherum salzen und pfeffern.

2. Das Butterschmalz in einem Topf erhitzen. Das Filet darin von allen Seiten anbraten, dann herausnehmen.

3. Die Schalotten in feine Streifen schneiden. Den Staudensellerie putzen, entfädeln, in feine Stücke schneiden.

4. Schalotten, Sellerie, Knoblauchzehen, Thymian, Pfefferkörner und Lorbeer im Bratfett kräftig anrösten und salzen. Mit Weißwein ablöschen und den Rinderfond dazugießen. Den Fond etwas einkochen lassen.

5. Inzwischen für den Pesto die Rauke putzen, die Stiele entfernen. Die Blätter waschen und gründlich abtropfen lassen.

6. Rauke, Pinienkerne, Öl, Limettensaft, Knoblauchzehen und Käse in der Küchenmaschine grob zermahlen. Den Pesto eventuell mit Salz nachwürzen.

7. Das Filet in den Fond legen, mit Alufolie zudecken und mit einem Teller beschweren. Das Filet bei milder Hitze 15–17 Minuten pochieren.

8. Die Salate putzen, waschen, gründlich abtropfen lassen und nebeneinander in einer Arbeitsschale ausbreiten.

9. Die Schalotten in eine Schüssel geben, das Öl unterrühren, salzen und pfeffern. Die Petersilie unterrühren und mit Balsamessig würzen.

10. Die Vinaigrette über den Salat träufeln und gut unterheben. Den Salat portionsweise auf Tellern anrichten und mit Kerbelblättchen bestreuen.

11. Das Filet aus dem Fond nehmen, abtropfen lassen und in Scheiben schneiden. Die Filetscheiben auf dem Salat anrichten, mit dem Raukepesto bestreichen und servieren.

Zubereitungszeit: 45 Minuten
Pro Portion 37 g E, 54 g F, 11 g KH = 680 kcal (2848 kJ)

Saltimbocca mit Schweinefilet

Die Schweinefiletspitzen in dünne Scheiben schneiden und flachdrücken. Auf jede Fleischscheibe ein kleines Salbeiblatt und eine kleine Scheibe rohen Schinken legen, mit Holzstäbchen fixieren. Etwas Öl in einer Pfanne erhitzen. Die Schnitzelchen zuerst mit der Schinkenseite nach unten braten und vor dem Umdrehen salzen und pfeffern. Nach dem Umdrehen etwas Raukepesto in die Pfanne geben und das Fleisch damit glasieren.

HAUPTGERICHTE

Süß-sauer eingelegte Schweinenackensteaks

Für 4 Portionen:
4 Schweinenackensteaks (à 250 g)
80 g Schalottenstreifen
100 g Porreestreifen
2 frische Chilischoten (aufgeschlitzt, entkernt und längs geviertelt)
2 Thymianzweige
2 Rosmarinzweige
3 El Honig
120 ml Öl
60 ml Weißweinessig
Salz, Pfeffer
1 El Butter

1. Die Steaks in einer flachen Arbeitsschale unter Schalotten, Porree, Chilischoten und halbierte Thymian- und Rosmarinzweige mischen.

2. Den Honig leicht erwärmen, 100 ml Öl unterrühren und den Essig zugießen. Die süß-saure Marinade über die Steaks gießen. Die Schale mit Klarsichtfolie zudecken. Das Fleisch im Kühlschrank 12–24 Stunden marinieren.

3. Die Steaks aus der Marinade nehmen und mit Küchenpapier trockentupfen. Das restliche Öl in einer Pfanne erhitzen. Die Steaks darin bei mittlerer Hitze langsam von beiden Seiten braten, vor dem Umdrehen salzen und pfeffern. Nach dem Umdrehen Kräuter und Gewürze aus der Marinade mit in die Pfanne geben und braten. Die Butter unterschwenken.

4. Ein Backblech mit Alufolie auslegen. Den Pfanneninhalt daraufgeben. Die Steaks im vorgeheizten Backofen auf der 2. Einschubleiste von unten 10–15 Minuten bei 200 Grad backen (Gas 3, Umluft 15 Minuten bei 175 Grad).

5. Die Steaks aus dem Ofen nehmen, auf vorgewärmten Tellern anrichten und mit etwas Bratensaft begießen. Dazu Lafers steirisches Kürbisgemüse servieren (Rezept siehe Seite 88).

Zubereitungszeit: 40 Minuten
(plus Zeit zum Marinieren)
Pro Portion 52 g E, 51 g F, 8g KH = 705 kcal (2949 kJ)

HAUPTGERICHTE

Gefüllter Schweinerollbraten mit Kümmelsauce

Für 4–6 Portionen:

1,2 kg Schweinebauch (vom Metzger Schwarte und Speck abschneiden und die Rippenknochen auslösen lassen)
500 g Schweinefilet (pariertes Mittelstück)
60 g Butterschmalz
Salz, Pfeffer
80 g Schalotten (fein gewürfelt)
1 Tl feine Knoblauchwürfel
20 g Butter
50 g scharfer Senf
1 Tl gehackte Rosmarinnadeln
1 Tl gehackte Thymianblättchen
1 El gehackte glatte Petersilie
250 g Sellerie (grob gewürfelt)
2 große Möhren (gewürfelt)
100 g Porree (grob gewürfelt)
80 g rote Zwiebeln (grob gewürfelt)
200 ml helles Bockbier
1 Tl Kümmelkörner
200 g Schalotten (feine Streifen)
250 ml Rotwein
400 ml Rinderfond
Zucker

1. Den Schweinebauch flachklopfen. Das Filet im Bräter in 30 g heißem Butterschmalz rundherum anbraten, salzen und pfeffern, auf Küchenpapier abtropfen und abkühlen lassen. Schalotten- und Knoblauchwürfel in einer Pfanne in der Butter glasig dünsten und etwas abkühlen lassen.

2. Den Schweinebauch gleichmäßig mit Senf bestreichen, großzügig mit Rosmarin, Thymian und Petersilie bestreuen. Die Schalottenmischung daraufstreichen. Das Filet auf das untere Ende des Schweinebauchs setzen, darin einrollen und alles gut zusammendrücken. Den Rollbraten mit Küchengarn fest verschnüren. Das Fleisch rundherum salzen und pfeffern.

3. Den Rollbraten im Bratfett vom Filet rundherum anbraten. Dabei Sellerie, Möhren, Porree und rote Zwiebeln mit anrösten. Den Braten mit Bier ablöschen.

4. Den Rollbraten im vorgeheizten Backofen auf der 2. Einschubleiste von unten 60–70 Minuten bei 175 Grad offen braten (Gas 2, Umluft 40–50 Minuten bei 150 Grad). Den Braten dabei immer wieder mit dem Bratensaft beschöpfen.

5. Für die Kümmelsauce das restliche Butterschmalz in einem Topf zerlaufen lassen. Den Kümmel darin anbraten. Die Schalottenstreifen dazugeben und anbraten.

6. Inzwischen den Braten aus dem Bräter nehmen, mit Alufolie zudecken und etwas ruhen lassen.

7. Die Schalotten mit Rotwein ablöschen und den Rinderfond zugießen, mit je 1 Prise Salz und Zucker würzen. Die Kümmelsauce in den Bratenfond gießen und offen bei mittlerer Hitze in 5–10 Minuten einkochen lassen. Ein feines Sieb mit einem Passiertuch auslegen, die Sauce durch das Sieb in einen Topf gießen und wieder einkochen lassen.

8. Das Küchengarn vom Braten entfernen. Den Braten in dicke Scheiben aufschneiden, mit der Kümmelsauce und dem Bohnengemüse (siehe Rezept auf Seite 87) servieren.

Zubereitungszeit: 2 Stunden
Pro Portion (bei 6 Portionen) 50 g E, 50 g F, 4 g KH = 682 kcal (2852 kJ)

HAUPTGERICHTE

Rinderschmorbraten mit Sommergemüse

Für 4–6 Portionen:

Fleisch

1,2 kg Rinderschulter (Bug)
1/2 Zwiebel (Würfel)
1/2 Porreestange (Ringe)
2 Möhren (Scheiben)
2 Stangen Staudensellerie (Stücke)
1 Tomate (halbiert)
10 schwarze Pfefferkörner
2 Thymianzweige (halbiert)
3 Lorbeerblätter
2 Zweige Rosmarin
2 Knoblauchzehen (halbiert)
1 l kräftiger Rotwein
1/2 l Rinderfond und evtl. 1/4 l Rinderfond zum Begießen
60 ml Öl
Salz, Pfeffer
10 g Speisestärke
40 ml Balsamessig
30 g Butter

Gemüse

400 g große Tomaten
je 1 rote und gelbe Paprikaschote (à 200 g)
1 Aubergine (300 g)
1 Zucchini (250 g)
2 Schalotten
4 Knoblauchzehen
40 g Butter
Salz, Pfeffer
125 ml Tomatensaft
1 Zweig Thymian
1 Bund glatte Petersilie

1. Am Tag vorher das Fleisch parieren (Häute und Sehnen abschneiden). Einen großen Gefrierbeutel in eine Schüssel stellen und das Fleisch hineinlegen. Zwiebel, Porree, Möhren, Staudensellerie und Tomate in den Beutel geben. Zum Würzen Pfefferkörner, Thymian, angedrückte Lorbeerblätter, Rosmarinästchen und Knoblauch dazugeben. Den Rotwein und Rinderfond dazugießen. Den Beutel fest zubinden. Das Fleisch 24 Stunden im Kühlschrank marinieren.

2. Das Fleisch aus dem Beutel nehmen und abtropfen lassen. Öl in einem Bräter erhitzen, das Fleisch darin rundherum kräftig anbraten, salzen und pfeffern. Ein Teil des Fettes aus dem Bräter abschöpfen. Das abgetropfte Gemüse in den Bräter geben und mit anrösten. Mit der Marinade ablöschen.

3. Das Fleisch zugedeckt im vorgeheizten Backofen auf der 2. Einschubleiste von unten 2 Stunden bei 150 Grad schmoren (Gas 1, Umluft 1 1/2–2 Stunden bei 150 Grad). Dabei ab und zu prüfen, ob etwas Rinderfond nachgegossen werden muß.

4. Inzwischen das Gemüse vorbereiten: Die Tomaten über Kreuz einritzen, kurz brühen, abschrecken, häuten, vierteln, entkernen und würfeln. Die Paprikaschoten putzen, schälen und nicht zu klein würfeln. Die Aubergine putzen, waschen und grob würfeln. Die Zucchini putzen, waschen, längs vierteln und in 1/2 cm dicke Scheiben schneiden. Schalotten und Knoblauch fein würfeln.

5. Die Butter in einer Pfanne schmelzen. Schalotten und Knoblauch darin glasig dünsten. Paprika und Auberginen darin anbraten. Salzen und pfeffern. Zucchini dazugeben. Das Gemüse zugedeckt bei milder Hitze 5 Minuten garen. Tomaten und Tomatensaft dazugeben. Das Gemüse zugedeckt weitere 2 Minuten garen.

6. Inzwischen die Thymianblättchen vom Zweig streifen. Die Petersilie hacken. Beides unter das Gemüse rühren.

7. Das Fleisch aus dem Bräter nehmen, zugedeckt noch etwas ruhenlassen. Den Schmorfond durch ein Sieb in einen Topf gießen. Das Gemüse gut durchdrücken. Den Schmorfond um 1/3 einkochen lassen. Die Sauce salzen, pfeffern, mit der Speisestärke binden und mit Balsamessig würzen. Zum Schluß zum Binden die Butter in kleinen Stücken unterschwenken.

8. Den Schmorbraten aufschneiden, mit dem Gemüse und der Sauce servieren.

Zubereitungszeit: 2 Stunden, 30 Minuten (plus Zeit zum Marinieren)
Pro Portion (bei 6 Portionen) 44 g E, 31 g F, 8 g KH = 517 kcal (2167 kJ)

HAUPTGERICHTE

Scharfes Geschnetzeltes mit Zwetschgen und Birnen

Für 4 Portionen:
500 g Rinderhüfte
100 ml Pflaumenwein
50 g frische Ingwerwurzel (Scheiben)
2 Chilischoten
2 Zweige Koriandergrün
10 Korianderkörner (grob zerstoßen)
1 El Speisestärke
8–10 El Öl
50 g rote Paprikastreifen
50 g Möhrenstreifen
50 g Selleriestreifen
50 g rote Zwiebelstreifen
200 g Birnenspalten (festfleischige Birne)
50 g Chinakohlstreifen
8 Zwetschgen (geviertelt)
1 Tl Currypulver
1 El gehacktes Koriandergrün
1 Tl Kurkumapulver
1 Tl feine Knoblauchwürfel
Salz, Pfeffer
100 ml Geflügelbrühe
1–2 El Sesamöl

1. Das Fleisch parieren (Sehnen und Häute abschneiden) und in dünne Streifen schneiden. Das Fleisch in einer Arbeitsschale mit Pflaumenwein knapp bedecken. Zum Würzen Ingwer, Chili, Koriandergrün und -körner zugeben. Alles gut mischen. Die Schüssel mit Klarsichtfolie zudecken. Das Fleisch mindestens 5 Stunden (besser über Nacht) marinieren.

2. Das Fleisch aus der Marinade nehmen, das Koriandergrün entfernen. Das Fleisch in einer Schüssel mit der Speisestärke mischen.

3. Wenig Öl im Wok (oder in einer breiten Pfanne) erhitzen. Das Fleisch darin unter Rühren anbraten. Dabei evtl. noch etwas Öl zugießen. Das Fleisch aus dem Wok nehmen. Evtl. etwas Öl in den Wok gießen. Paprika und Möhren in den Wok geben und kurz anbraten. Nacheinander Sellerie, rote Zwiebeln, Birnen, Chinakohl und Zwetschgen dazugeben und unter Rühren zusammen braten. Mit Curry, Koriandergrün, Kurkuma, Knoblauch, Salz und Pfeffer würzen. Mit wenig Geflügelbrühe ablöschen. Das Fleisch wieder unterrühren. Zur Abrundung mit etwas Sesamöl würzen.

Das Geschnetzelte sofort im Wok servieren.

Zubereitungszeit: 45 Minuten
(plus Zeit zum Marinieren)
Pro Portion 29 g E, 28 g F, 18 g KH = 465 kcal (1946 kJ)

HAUPTGERICHTE

Gefüllte Paprikaschoten mit Pfifferlingrahmsauce

Für 6 Portionen:

Paprikaschoten

6 rote Paprikaschoten (à 200 g)
3 kleine Brötchen (vom Vortag, à 30 g)
150 ml warme Milch
80 g Pinienkerne
2 Knoblauchzehen
120 g Schalotten
1/2 Bund glatte Petersilie
5 El Öl
250 g Rinderhackfleisch
250 g Schweinemett
1 Ei, Salz, Pfeffer
6 Scheiben durchwachsener Speck (halbiert)
1 Thymianzweig
1 Rosmarinzweig
300 ml Rinderfond
300 ml Schlagsahne

Sauce

300 g Pfifferlinge
2 Tomaten
3 Schalotten
1 Knoblauchzehe
1/2 Bund glatte Petersilie
40 g Butter
Salz, Pfeffer
1 El geschlagene Sahne
Kerbelblättchen zur Dekoration

1. Von jeder Paprikaschote den Deckel rund ab-, aber nicht durchschneiden. Den Deckel mit dem Kerngehäuse herausdrehen, das Kerngehäuse abschneiden. Die Schoten innen putzen, an der unteren Seite gerade so viel abschneiden, daß eine Standfläche entsteht und die Paprikaschoten trotzdem noch geschlossen sind. Die Schoten und Deckel waschen und abtropfen lassen.

2. Die Brötchen würfeln und in der Milch einweichen. Die Pinienkerne in einer Pfanne ohne Fett rösten. Knoblauch und Schalotten fein würfeln. Die Petersilienblätter fein hacken.

3. 1 El Öl erhitzen, Knoblauch und Schalotten darin glasig dünsten, die Petersilie unterziehen.

4. Rinderhack und Schweinemett in einer Schüssel mischen. Brötchen, Pinienkerne und das Ei zugeben, herzhaft salzen und pfeffern. Schalottenmischung zugeben. Farce gut verrühren und in die Paprikaschoten füllen.

5. Das restliche Öl in einem Bräter erhitzen. Die Paprikaschoten ohne Deckel hineinlegen und rundherum anbraten. Anschließend die Paprikaschoten im Bräter aufrecht stellen und die Deckel fest daraufdrücken. Je 2 Speckstücke über Kreuz auf jeden Deckel legen. Thymian und Rosmarin in den Bräter geben. Den Rinderfond zugießen. Den Deckel auf den Bräter setzen.

6. Die Paprikaschoten im vorgeheizten Backofen auf der 2. Einschubleiste von unten 1 Stunde bei 200 Grad schmoren (Gas 3, Umluft 40–50 Minuten bei 180 Grad).

7. Inzwischen die Pfifferlinge putzen, große Pilze halbieren. Die Tomaten über Kreuz einritzen, kurz in kochendes Wasser geben, abschrecken, pellen, vierteln, entkernen und würfeln. Schalotten und Knoblauch fein würfeln. Petersilienblätter hacken.

8. Die Butter in der Pfanne erhitzen. Die Pilze mit Schalotten und Knoblauch darin dünsten, bis die Flüssigkeit völlig verdampft ist. Dann salzen und pfeffern.

9. Die Schoten aus dem Schmorfond nehmen, auf dem Bräterdeckel mit Alufolie zudecken. Thymian und Rosmarin aus dem Schmorfond nehmen, Sahne hineingießen und in 10 Minuten sämig einkochen.

10. Den Bräter schräg halten und den Fond mit dem Pürierstab schaumig aufmixen. Tomaten und Pilze hineingeben und die Petersilie unterrühren. Zum Schluß die geschlagene Sahne unterheben. Die Sauce darf jetzt auf keinen Fall mehr kochen.

11. Je 1 Paprikaschote auf einen Teller setzen, mit der Pfifferlingrahmsauce umgießen und mit Kerbelblättchen dekorieren.

Zubereitungszeit: 1 Stunde, 30 Minuten
Pro Portion 30 g E, 77 g F, 25 g KH = 862 kcal (3608 kJ)

HAUPTGERICHTE

Kalbsrahmgulasch

Für 4–6 Portionen:
**1,5 kg Kalbsschulter
(vom Metzger ausgelöst)
30 g getrocknete
Steinpilze
300 g Schalotten
5 Knoblauchzehen
100 g Staudensellerie
50 g Butterschmalz
Salz, Pfeffer
30 g Mehl
abgeriebene Schale
und Saft von 1/2 Zitrone
(unbehandelt)
1 l Kalbsfond
40 g Kapern
400 ml Schlagsahne
2 El geschlagene Sahne
1 El gehackte Petersilie**

1. Fett und Sehnen vom Fleisch schneiden. Das Fleisch grob würfeln. Die Pilze in 300 ml lauwarmem Wasser einweichen. Die Schalotten vierteln. Die Knoblauchzehen würfeln. Den Staudensellerie putzen, entfädeln und in kleine Stücke schneiden.

2. Das Butterschmalz in einem Bräter erhitzen. Das Fleisch darin von allen Seiten kräftig anbraten. Schalotten, Knoblauch und Staudensellerie zugeben und kurz anbraten. Das Fleisch salzen und pfeffern. Die abgetropften Pilze (Wasser aufheben) unterrühren und kurz braten. Das Mehl auf das Fleisch sieben und anrösten. Die Zitronenschale dazugeben. Das Fleisch mit Zitronensaft und Kalbsfond aufgießen und offen bei milder Hitze 30 Minuten garen. Das Steinpilzwasser durch einen Filter dazugießen. Das Gulasch bei milder Hitze 20 Minuten garen. Die Kapern zugeben und die Sahne zugießen. Das Gulasch bei milder Hitze noch 10–15 Minuten garen.

3. Das Gulasch noch einmal abschmecken, die geschlagene Sahne unterheben und die Petersilie unterziehen.

Zum Kalbsrahmgulasch einen Semmelauflauf reichen (siehe Rezept Seite 92).

Zubereitungszeit: 1 Stunde, 30 Minuten
Pro Portion (bei 6 Portionen) 57 g E,
35 g F, 11 g KH = 590 kcal (2468 kJ)

HAUPTGERICHTE

Lachsforellen-Bällchen

Für 12 Stück:
400 g Lachsforellenfilet (küchenfertig)
50 g feine Möhrenwürfel
50 g feine Porreewürfel
50 g feine Staudenselleriewürfel
2 El Schlagsahne
1 El gehacktes Koriandergrün
1/2 Tl Currypulver
Salz
Chili (Mühle)
Korianderkörner (Mühle)
1 Tl frische Ingwerwürfel
2 El Öl

1. Fischfilet mit dem Messer in feine Streifen schneiden, dann so fein wie Schabefleisch würfeln. Das Fischfilet darf nicht mit der Küchenmaschine oder dem Schneidstab zerkleinert werden, es wird dann schleimig.

2. Fischfilet in einer Schüssel mit Möhren, Porree und Staudensellerie mischen. Die Sahne unterrühren. Mit Koriandergrün, Curry, Salz, Chili und Korianderkörnern (beides aus der Mühle) und Ingwer herzhaft würzen. Die Zutaten sorgfältig verrühren.

3. Das Öl in einer Pfanne erhitzen. Einen Eiskugelportionierer in heißes Wasser tauchen, kleine Bällchen aus der Farce ausstechen und ins Öl setzen. Einen Löffel ins heiße Öl in der Pfanne tauchen, die Bällchen damit flachdrücken und bei milder Hitze ganz langsam von beiden Seiten goldbraun braten.

Mit sauer eingelegtem Gemüse servieren (siehe Rezept Seite 89).

Zubereitungszeit: 45 Minuten
Pro Stück 7 g E, 3 g F, 0 g KH = 58 kcal (241 kJ)

HAUPTGERICHTE

Lammeintopf mit Bohnen

Für 4–6 Portionen:
1,5 kg Lammschulter mit Knochen
(für 700–800 g Fleisch)
3 Knoblauchzehen
(längs halbiert)
5 Thymianzweige
1 Rosmarinästchen
1/8 l Olivenöl
500 g Rinderknochen
200 g grobe Möhrenwürfel
100 g grobe Porreeringe
200 g grobe Selleriestücke
2 große Zwiebeln
(halbiert und auf der Schnittfläche gebräunt)
2 Tomaten (geviertelt)
10 Pfefferkörner
5 Lorbeerblätter
1/2 Bund glatte Petersilie
Salz
200 g Kartoffeln
350 g junge Möhren
200 g Stangenbohnen
200 g Prinzeßbohnen
Pfeffer
2 El frische Bohnenkrautblätter
100 g Crème fraîche

1. Am Tag vorher die Lammschulter auslösen, das Fett abschneiden, Häute und Sehnen entfernen und beiseite stellen. Das Lammfleisch würfeln.

2. Die Lammfleischwürfel in eine Schüssel geben. Knoblauch, 2 kleingezupfte Thymianzweige und das Rosmarinästchen hineingeben, das Öl darübergießen. Alles gut durchheben. Die Schüssel mit Klarsichtfolie zudecken. Das Fleisch im Kühlschrank über Nacht marinieren.

3. Lamm- und Rinderknochen und die Abschnitte in einen großen Topf geben. Möhren, Porree, Sellerie, Zwiebeln, Tomaten, Pfefferkörner, 3 Lorbeerblätter, Petersilie und 1 Tl Salz dazugeben, mit 2–3 l Wasser knapp begießen. Den Lammfond offen und bei milder Hitze 2 Stunden leise kochen lassen, dabei den Fond zwischendurch immer wieder abschäumen. Den Fond durch ein Sieb gießen, mit einer Schöpfkelle entfetten, kalt werden lassen und in den Kühlschrank stellen, damit sich das restliche Fett absetzen kann.

4. Am nächsten Tag zuerst die Kartoffeln schälen, fein würfeln und in Wasser legen. Das Gemüse putzen. Anschließend die Möhren schräg in Scheiben und die Stangenbohnen in Rauten schneiden, die Prinzeßbohnen halbieren.

5. Den Fettdeckel vom Lammfond abheben. Den Fond in einen Topf gießen und aufkochen.

6. Inzwischen das marinierte Lammfleisch mit den Kräutern und einem Teil des Öls in einer heißen Pfanne kurz anbraten und dabei salzen. Das Fleisch auf Küchenpapier abtropfen lassen und dann in den leise kochenden Lammfond geben. Die restlichen Thymianzweige und Lorbeerblätter dazugeben, salzen und pfeffern. Den Topf zudecken, das Fleisch bei milder Hitze 30 Minuten kochen.

7. Die abgetropften Kartoffeln, Möhren und Stangenbohnen zum Fleisch geben und 10–15 Minuten garen. Dann die Prinzeßbohnen dazugeben und noch 5–10 Minuten mitkochen lassen. Zum Schluß das Bohnenkraut unterrühren. Vor dem Servieren einen Nocken Crème fraîche auf jeden angerichteten Teller setzen.

Zubereitungszeit: 1 Stunde (plus Zeit zum Marinieren und Fondkochen)
Pro Portion (bei 6 Portionen) 27 g E, 34 g F, 10 g KH = 454 kcal (1903 kJ)

HAUPTGERICHTE

Schweinehackbällchen mit Mozzarella

Für 4 Portionen:
1 Brötchen (vom Vortag)
1/8 l lauwarme Milch
40 g Butter
1 El feine Zwiebelwürfel
1 Tl feine
Knoblauchwürfel
2 El gehackte glatte
Petersilie
300 g Schweinemett
2 Eigelb
Salz, Pfeffer
Muskatnuß
(frisch gerieben)
80 g Mozzarella
50 g Butterschmalz
5 Thymianzweige
5 Rosmarinästchen

1. Das Brötchen würfeln und in der Milch einweichen.

2. 20 g Butter in einer Pfanne erhitzen. Zwiebeln und Knoblauch darin glasig dünsten. Die Petersilie unterrühren.

3. Das Mett in einer Schüssel mit dem ausgedrückten Brötchen und dem Eigelb gut verrühren. Herzhaft mit Salz, Pfeffer und Muskat würzen. Die Zwiebelmischung unterrühren.

4. Den Mozzarella abtropfen lassen und in 1/2 cm dicke Scheiben schneiden. Klarsichtfolie auf der Arbeitsfläche ausbreiten. 4 gleich große Kugeln Mettfarce auf die Folie setzen, flachdrükken und je 1 Scheibe Mozzarella daraufgeben. Die Scheiben mit Mettfarce belegen. Einen Löffel ins heiße Butterschmalz tauchen, das Mett um den Käse fest verstreichen. Die Folie um das Fleisch herum großzügig ausschneiden, über dem Fleisch zusammenziehen und so 4 gleichmäßig große, runde Bällchen formen. Die Folie abziehen.

5. Das Butterschmalz in einer großen Pfanne noch einmal erhitzen. Die Hackbällchen darin bei milder Hitze langsam 5 Minuten braten, umdrehen und Thymianzweige und Rosmarinästchen mit ins Bratfett geben. Die Bällchen langsam 5 Minuten weiterbraten (eventuell zugedeckt). Zum Schluß die restliche Butter in der Pfanne schmelzen, die Bällchen damit übergießen, damit sie saftig bleiben.

Die gefüllten Hackbällchen mit karamelisierten Schmorgurken servieren (siehe Rezept Seite 93).

Dazu passen in Butter und gehackter Petersilie geschwenkte Salzkartoffeln.

Zubereitungszeit: 45 Minuten
Pro Portion 21 g E, 45 g F, 8 g KH = 517 kcal (2164 kJ)

HAUPTGERICHTE

Pochierter Kalbsrücken mit Speck-Salbei-Sauce

Für 4–6 Portionen:
4 El Butterschmalz
100 g durchwachsener Speck (grob gewürfelt)
5 Schalotten (grob gewürfelt)
4 Thymianzweige
8 große Salbeiblätter
2 Lorbeerblätter
4 Knoblauchzehen (geschält)
800 ml Kalbsfond
800 ml Milch
1 Tl weiße Pfefferkörner (grob zerstoßen)
1,5 kg Kalbsrücken (ausgelöst und pariert)
Salz, Pfeffer
2 mittelgroße Kartoffeln
1 große Tomate
150 ml Schlagsahne

1. In einem großen Topf 1 El Butterschmalz erhitzen. Die Speck- und Schalottenwürfel darin leicht anbraten. Thymianzweige, 4 Salbei- und die Lorbeerblätter mit anbraten. Die Knoblauchzehen zugeben. Mit dem Kalbsfond ablöschen und die Milch zugießen. Die Pfefferkörner zugeben. Den Pochierfond auf 1/3 einkochen lassen.

2. Den Kalbsrücken salzen und pfeffern. 1 El Butterschmalz in einer großen Pfanne erhitzen. Den Kalbsrücken darin von allen Seiten kurz anbraten.

3. Das Fleisch in den Pochierfond legen (er muß das Fleisch ganz bedecken). Das Fleisch bei milder Hitze in etwa 20 Minuten gar ziehen lassen.

4. Inzwischen die Kartoffeln schälen und würfeln (1 cm). Die Tomate über Kreuz einritzen, kurz in kochendes Wasser legen, häuten, vierteln, entkernen und fein würfeln. Die restlichen Salbeiblätter in feine Streifen schneiden.

5. Den Braten aus dem Fond nehmen, abtropfen lassen, auf einer Platte mit Alufolie zudecken und 10 Minuten ruhen lassen.

6. Den Pochierfond durch ein Sieb in einen Topf umgießen. Die Sahne zugießen und in 20 Minuten sämig einkochen lassen.

7. Inzwischen 1 El Butterschmalz in einer Pfanne erhitzen. Speck- und Schalottenwürfel aus dem Fond darin anbraten und den Salbei zugeben.

8. Gleichzeitig in einer zweiten Pfanne das restliche Butterschmalz erhitzen und die Kartoffeln darin goldbraun braten, mit einem Schaumlöffel herausnehmen und auf Küchenpapier abtropfen lassen

9. Die Sauce mit dem Schneidstab aufmixen und auf die Speck-Schalotten gießen. Die Speck-Salbei-Sauce in den Topf zurückgießen und die Tomatenwürfel zugeben. Die Sauce salzen.

10. Das Fleisch in Scheiben schneiden, in der Sauce servieren und ganz zum Schluß mit den Kartoffelwürfeln bestreuen.

Dazu einen Endiviensalat mit Pfeffer-Vinaigrette servieren (siehe Rezept Seite 91).

Zubereitungszeit: 2 Stunden
Pro Portion (bei 6 Portionen) 58 g E, 48 g F, 14 g KH = 718 kcal (3007 kJ)

HAUPTGERICHTE

Gefüllter Wirsing mit brauner Kümmelbutter

Für 4 Portionen:
2 Poularden (à 1,2 kg, für 1,5–2 l kräftige Geflügelbrühe)
1 Bund Suppengrün
4 Lorbeerblätter
2 Rosmarinzweige
10 Pfefferkörner
1 große Gemüsezwiebel (halbiert und die Schnittflächen auf der Herdplatte gebräunt)
5 Toastbrotscheiben
2 El Butter
1 Wirsing (ca. 750 g)
Salz
1 Tl scharfes Currypulver (Madrascurry)
Pfeffer
Muskatnuß (frisch gerieben)
3 Eiweiß
1 El feine Schnittlauchröllchen
1 El glatte Petersilie (gehackt)
1 El Knoblauchwürfel
100 g Ziegen-Frischkäse (gewürfelt)
150 g Butter
2 Tl Kümmel (grob zerstoßen)

1. Die Brüste aus den Poularden auslösen und zugedeckt kühl stellen. Die Poularden grob zerteilen. Das Suppengrün putzen und grob zerteilen. Beides mit Lorbeer, Rosmarin, Pfefferkörnern und den Zwiebelhälften in einen großen Topf geben und soviel Wasser zugießen, daß alles gut bedeckt ist. Aufkochen und dann offen bei milder Hitze in 45 Minuten langsam eine kräftige Brühe kochen. Zwischendurch immer wieder abschäumen.

2. Das Toastbrot ohne Rinde fein würfeln und in einer Pfanne bei milder Hitze in der Butter langsam goldbraun rösten.

3. Den Strunk aus dem Kohl herausschneiden. Die Blätter einzeln ablösen und die dicken Blattrippen heraustrennen. Die Blätter nacheinander in kochendem Salzwasser 1–2 Minuten blanchieren, abschrecken und auf Küchenpapier gut abtropfen lassen. Die zarten Blätter am Strunk klein schneiden.

4. Für die Füllung die Poulardenbrüste mit dem Messer fein würfeln und in eine Schüssel geben. Mit Salz, Currypulver, Pfeffer und Muskat herzhaft würzen. Das Eiweiß dazugeben. Schnittlauch, Petersilie und Knoblauch unterrühren. Den Ziegenkäse, die Brotwürfel und die klein geschnittenen Wirsingblätter unterarbeiten.

5. Eine mittelgroße, hohe Schüssel mit einem großen Passiertuch auslegen. Erst den Boden mit Wirsingblättern überlappend auslegen, dann auch den Rand. Eine Schicht Füllung aufstreichen und mit Blättern belegen. So weiterarbeiten, bis die Schüssel gefüllt ist. Als oberste Schicht Blätter auflegen. Blätter und Füllung mit dem Tuch zu einem sehr festen Ball zusammendrehen. Das Tuch gleich über dem Wirsingball mit Küchengarn fest zusammenbinden, mit etwas Abstand fest verknoten.

6. Die Geflügelbrühe durch ein Sieb in einen hohen Topf umgießen. Den Wirsingball an einem Löffelstiel (er liegt quer über dem Topf und ist unter dem Knoten durch das Tuch geführt) in den Topf hängen. Den gefüllten Wirsing in der Brühe bei milder Hitze langsam 60–70 Minuten pochieren.

7. Die restliche Butter schmelzen und den Kümmel darin etwas anrösten. Die Kümmelbutter zum Wirsing servieren.

Zubereitungszeit: 2 Stunden
Pro Portion 48 g E, 52 g F, 21 g KH = 745 kcal (3115 kJ)

HAUPTGERICHTE

Gefüllte Schweinerippe mit Weiße-Bohnen-Ragout

Für 4–6 Personen:
Fleisch
**2 kg Schweinerippe mit Schwarte (die Knochen vom Metzger freigeschabt und etwas abgelöst)
Salz, Pfeffer
5 Orangen (unbehandelt)
80 g Zucker
4 Schalotten (geviertelt)
100 ml Weißweinessig
500 ml Orangensaft (frisch gepreßt)
1 Bund Thymian
2 El Butterschmalz
10 Gewürznelken
300 ml Rinderfond
50 g Speisestärke**

Ragout
**250 g dicke weiße Bohnen (getrocknet)
4 Thymianzweige
3 Knoblauchzehen
Salz, Pfeffer
1 El Butter
1 El Knoblauchwürfel
1 El Schalottenwürfel
Saft von 1/2 Zitrone
200 ml Schlagsahne
2 Äpfel (Boskop, à 200 g)
2 El Bohnenkraut (gehackt)**

1. Für das Ragout die weißen Bohnen über Nacht mit Thymian und Knoblauchzehen in kaltem Wasser einweichen.

2. Eine tiefe Tasche ins Fleisch schneiden, innen salzen und pfeffern. 4 Orangen schälen und in Scheiben schneiden. Die fünfte Orange waschen und in dünne Scheiben schneiden.

3. Für die Füllung in einer Pfanne den Zucker hellbraun schmelzen lassen. Geschälte Orangenscheiben hineingeben und kurz anbraten. Die Schalotten zugeben und andünsten. Mit Essig ablöschen. 100 ml Orangensaft zugießen. Mit 1/2 Bund Thymianblättchen würzen und etwas einkochen lassen.

4. Die Füllung (ohne die Flüssigkeit) in die Fleischtasche geben. Die Tasche mit Küchengarn zunähen. In die Schwarte mit einem scharfen Messer Rauten einritzen, salzen und pfeffern.

5. Das Butterschmalz in einem Bräter erhitzen. Das Fleisch mit der Schwartenseite nach unten hineinlegen und anbraten. Die oben liegende Seite salzen und pfeffern. Das Fleisch umdrehen und anbraten. Die Nelken auf die Schwarte streuen, die Orangenscheiben (mit Schale) darauflegen und mit Holzstäbchen feststecken. Den Essig-Orangen-Sud von der Füllung zugießen und den restlichen Thymian zugeben.

6. Das Fleisch im vorgeheizten Backofen auf der 2. Einschubleiste von unten 20–30 Minuten bei 200 Grad braten (Gas 3, Umluft 20 Minuten bei 180 Grad).

7. Die Bohnen im Einweichwasser mit etwas Salz in 1–1 1/2 Stunden weichkochen.

8. Den Braten erst mit 1/4 l Orangensaft, dann mit 1/4 l Rinderfond begießen. Noch 1 1/2 Stunden bei 100 Grad braten (Gas 1–2, Umluft 1 Stunde bei 150 Grad). Dabei immer wieder mit Saft und Fond begießen.

9. Die Bohnen in einem Durchschlag mit kaltem Wasser abspülen. Die Butter in einer Pfanne erhitzen. Knoblauch- und Schalottenwürfel darin anbraten. Die Bohnen unterrühren, mit Salz und Pfeffer würzen und mit Zitronensaft ablöschen. Sahne zugießen, einkochen lassen. Die Äpfel waschen, vierteln, entkernen und würfeln. Mit dem Bohnenkraut unter die Bohnen mischen.

10. Das Fleisch aus dem Bräter nehmen, mit Alufolie zudecken, warm stellen. Die Sauce durch ein Sieb in einen kleinen Topf gießen, etwas einkochen lassen. Stärke mit kaltem Wasser glattrühren, Sauce damit binden.

11. Den Braten (ohne Orangenschale und Küchengarn) in Scheiben schneiden, mit dem Bohnenragout und der Sauce servieren.

Zubereitungszeit: 2 1/2–3 Stunden (plus Einweichzeit)
Pro Portion (bei 6 Portionen) 64 g E, 54 g F, 79 g KH = 1079 kcal (4524 kJ)

57

HAUPTGERICHTE

Bratengröstel

Für 4 Portionen:
400 g Kartoffeln (festkochend)
Salz
40 g Butterschmalz
60 g durchwachsener Speck (gewürfelt)
1 rote Zwiebel (in Streifen)
200 g Schweinebraten (in Streifen)
Pfeffer
1/2 Tl Paprikapulver (edelsüß)
1 El Majoranblättchen
1–2 Gewürzgurken (gewürfelt)
100 ml Fleischbrühe

1. Die Kartoffeln mit Schale in Salzwasser garen, abgießen, gut abdämpfen, abkühlen lassen und in nicht zu dünne Scheiben schneiden.

2. Das Butterschmalz in einer Pfanne erhitzen. Die Kartoffeln darin langsam bei milder Hitze goldbraun braten. Die Kartoffeln in der Pfanne an eine Seite schieben. Speckwürfel und Zwiebelstreifen auf die leere Fläche geben und anbraten. Die Bratenstreifen daraufgeben. Mit Salz, Pfeffer und Paprikapulver würzen. Die Majoranblättchen und Gurkenwürfel untermischen. Die Fleischbrühe zugießen, alles gut durchschwenken und servieren.

Zum Bratengröstel einen Porreesalat mit Schnittlauch-Vinaigrette servieren (siehe Rezept Seite 95).

Zubereitungszeit: 1 Stunde
Pro Portion 17 g E, 27 g F, 13 g KH = 361 kcal (1511 kJ)

HAUPTGERICHTE

Sauerbraten-Rouladen

Für 4 Portionen:

Rouladen

100 g Möhren
(grobe Scheiben)
1/2 Sellerieknolle
(grob gewürfelt)
3 Schalotten (geviertelt)
3 Knoblauchzehen
(halbiert)
10 Gewürznelken
10 Pimentkörner
1 Tl schwarze
Pfefferkörner
1/2 Bund Thymian
250 ml Rotwein
50 ml Rotweinessig
4 Rouladenscheiben
(à 200-250 g, aus
der Rinderhüfte)

Füllung

3 Schalotten
(fein gewürfelt)
20 g Butter
150 g Rinderhack
150 g Schweinemett
(ungewürzt)
1 Ei (Kl. M)
50 g Spinatblätter
(blanchiert, grob gehackt)
2 El glatte Petersilie
(gehackt)
2 Aachener Printen
(gemahlen)
1 El Rosinen
(in 20 ml Rum eingelegt)
Salz, Pfeffer
abgeriebene Schale von
1/2 Orange (unbehandelt)
1 El Butterschmalz
4 Rosmarinzweige
1 El Ahornsirup
1 Tl Speisestärke
2 El Preiselbeeren
30 g Mandelblättchen
(geröstet)

1. Die vorbereiteten Gemüse und Gewürze mit Rotwein, Rotweinessig und 200 ml Wasser in einer flachen Arbeitsschale mischen. Die Rouladen hineingeben, gut mit der Marinade bedecken, mit Klarsichtfolie zudecken und 24 Stunden im Kühlschrank marinieren.

2. Für die Füllung Schalotten in der Butter glasig dünsten. Hack und Mett in einer Schüssel mit Ei, gedünsteten Schalotten, Spinat, Petersilie, Aachener Printen und eingeweichten Rosinen mit Rum gut vermischen. Dabei herzhaft mit Salz, Pfeffer und Orangenschale würzen.

3. Die Rouladen aus der Marinade nehmen, auf Küchenpapier gut abtropfen lassen und auf der Arbeitsfläche nebeneinander ausbreiten. Die Marinade durch ein Sieb gießen und auffangen. Die Füllung auf die Rouladen geben und gut verteilen. Die Fleischscheiben aufrollen und mit Küchengarn wie ein Paket fest zusammenbinden. Die Rouladen rundherum mit Salz und Pfeffer würzen.

4. In einem Bräter das Butterschmalz erhitzen. Die Rouladen darin anbraten. Das Mariniergemüse zugeben und kurz braten. Den Rosmarin in den Bräter geben. Das Fleisch mit Ahornsirup würzen. Die Marinade angießen. Den Deckel auflegen. Die Rouladen auf dem Herd bei milder Hitze 70–80 Minuten schmoren, dabei ab und zu mit Schmorfond begießen.

5. Die Rouladen aus dem Schmorfond nehmen und warm stellen. Den Schmorfond durch ein Sieb in einen Topf gießen, dabei das Gemüse kräftig ausdrücken. Den Fond etwas einkochen lassen. Speisestärke mit wenig Wasser verrühren, die Sauce damit binden. Die Sauce mit Salz und Pfeffer würzen, zum Schluß Preiselbeeren und Mandelblättchen hineingeben und kurz erwärmen. Das Küchengarn von den Rouladen lösen. Die Rouladen mit der Sauce servieren.

Dazu passen Spätzle oder Salzkartoffeln.

Zubereitungszeit: 2 Stunden
(plus Zeit zum Marinieren)
Pro Portion 61 g E, 43 g F, 20 g KH =
738 kcal (3089 kJ)

HAUPTGERICHTE

Glasierter Schweinebraten mit Quittenkompott

Für 4–6 Portionen:

Braten
1,5 kg Schweineschulter mit Schwarte
Salz, Pfeffer
2 Möhren
2 Petersilienwurzeln
2 rote Zwiebeln
2 El Butterschmalz
1,2 l Rinderfond
1 El Speisestärke

Quitten
4 mittelgroße Quitten (350 g)
Saft von 1 Zitrone
50 g Zucker
150 ml Weißwein
1 El Granatapfelsirup
1 Msp. Zimtpulver
1 Tl frische Ingwerwurzel (gewürfelt)
Salz
Chili (Mühle)

Glasur
1 El Butter
2 Schalotten (in Streifen)
3 Knoblauchzehen (gewürfelt)
1 El Thymianblättchen

1. Die Schwarte der Schweineschulter tief und über Kreuz einschneiden, salzen und pfeffern. Möhren, Petersilienwurzeln und Zwiebeln grob würfeln.

2. Das Butterschmalz im Bräter erhitzen. Den Braten mit der Schwarte nach unten darin anbraten, umdrehen und die Fleischseite anbraten. Den Braten auf eine Platte legen. Das Gemüse im Bratfett anbraten und mit Rinderfond aufgießen. Den Braten mit der Schwartenseite nach unten hineinlegen.

3. Den Braten im vorgeheizten Backofen auf der 2. Einschubleiste von unten zunächst 30 Minuten bei 170 Grad braten (Gas 2–3, Umluft 20 Minuten bei 150 Grad).

4. Inzwischen die Quitten in Viertel schneiden, schälen, entkernen, in Spalten schneiden und in Zitronenwasser legen. Zucker in einer heißen Pfanne zu hellem Karamel schmelzen, mit Weißwein ablöschen und den Granatapfelsirup unterrühren. Mit Zimt und Ingwer würzen. Die Quitten abtropfen lassen und in den Sud legen. Die Quitten zugedeckt bei milder Hitze 50 Minuten garen.

5. Das Fleisch umdrehen, mit Bratenfond beschöpfen und weitere 50 Minuten braten.

6. Die Quitten mit Salz und Chili würzen, warm stellen.

7. Den Braten aus dem Bräter nehmen, auf eine Platte legen und mit Alufolie zudecken. Den Bratenfond durch ein Sieb in einen Topf gießen und etwas einkochen lassen.

8. Für die Glasur die Butter in einer Pfanne schmelzen. Die Schalotten und den Knoblauch darin anbraten. Die Thymianblättchen unterrühren. Den Braten mit dem entstandenen Fleischsaft hineingeben und mit der Thymianbutter glasieren.

9. Die Speisestärke mit wenig Wasser glattrühren, die Sauce damit binden. Den Braten auf einer vorgewärmten Platte mit der Glasur anrichten, mit der Sauce, dem Quittenkompott und Rosenkohlpüree servieren (siehe Rezept unten).

Zubereitungszeit: 2 Stunden
Pro Portion (bei 6 Portionen) 42 g E, 30 g F, 27 g KH = 566 kcal (2369 kJ)

Rosenkohlpüree

Für 4 Portionen 300 g Rosenkohl putzen und die Röschen halbieren. 300 g Kartoffeln schälen und in Stücke schneiden. 2 Schalotten fein würfeln. Schalotten in 20 g Butter glasig dünsten. Rosenkohl und Kartoffeln dazugeben, 300 ml Rinderfond dazugießen. Das Gemüse in 15 Minuten weich kochen. Mit Salz und Pfeffer würzen und mit dem Schneidstab grob pürieren. 80 g Butter in der Pfanne aufschäumen, 1 El fein gehackte Rosmarinnadeln unterrühren und kurz ziehen lassen. Die Rosmarinbutter unter das Rosenkohlpüree ziehen.

HAUPTGERICHTE

Rehschnitzel mit Mandelkruste

Für 4 Portionen:
4 Rehschnitzel
(à 150 g, aus der Keule)
Salz, Pfeffer
2 Eier (Kl. M)
1 El geschlagene Sahne
50 g Mehl
150 g Mandelblättchen
(grob zerbröselt)
100 g Butterschmalz

1. Die Rehschnitzel zwischen zwei Lagen Klarsichtfolie ganz flach klopfen. Auf beiden Seiten mit Salz und Pfeffer würzen. Eier in einer Arbeitsschale mit der geschlagenen Sahne verrühren. Die Schnitzel erst im Mehl wenden, dann durch das verquirlte Ei ziehen und anschließend in den Mandeln wälzen.

2. Das Butterschmalz in einer Pfanne nicht zu stark erhitzen. Die Schnitzel darin bei milder Hitze von beiden Seiten je 2–3 Minuten goldbraun braten.

3. Die Schnitzel auf Küchenpapier abtropfen lassen und dann mit einem lauwarmen Rotkohlsalat servieren (siehe Rezept unten)

Zubereitungszeit: 30 Minuten
Pro Portion 44 g E, 47 g F, 11 g KH = 639 kcal (2676 kJ)

Lauwarmer Rotkohlsalat

Für 4 Portionen 60 g Zucker karamelisieren. 4 Schalotten in Streifen dazugeben, mit 50 ml Rotweinessig und 150 ml Johannisbeersaft ablöschen und um 1/3 reduzieren. 1 Ästchen Rosmarin und 500 g Rotkohlstreifen hineingeben und 10 Minuten dünsten. 2 Äpfel mit Schale in Spalten schneiden, zum Rotkohl geben und kurz dünsten. 2 El Preiselbeeren (Glas) dazugeben. Rosmarin herausnehmen, den Salat salzen und lauwarm zu den Rehschnitzeln servieren.

HAUPTGERICHTE

Eisbein aus dem Thymiansud

Für 4 Portionen:
2 Eisbeine (à 750 g, vom Metzger leicht gepökelt, vorbestellen)
1 1/2 l Rinderfond
1 Bund Suppengrün (grob gewürfelt)
1 Zwiebel (geviertelt)
1 Bund Thymian
2 Lorbeerblätter
10 weiße Pfefferkörner
5 Wacholderbeeren
2 Knoblauchzehen
Salz
2 El Butterschmalz
4 Zwiebeln (in Streifen)
60 g Butter
2 El Kapern (eingelegt)
1/2 Bund Thymian (kleingezupft)
Pfeffer
Filets aus 1/2 Zitrone (halbiert)
3 El feine Schnittlauchröllchen

1. Die Eisbeine kurz mit kochendem Wasser überbrühen. Mit 1 l kaltem Wasser in einen Topf geben und den Rinderfond zugießen. Suppengrün und Zwiebel hineingeben. Mit Thymian, Lorbeer, Pfefferkörnern, Wacholder, Knoblauch und Salz würzen. Die Eisbeine bei milder Hitze 2 Stunden köcheln lassen. Die Eisbeine im Sud abkühlen lassen.

2. Das Butterschmalz in einer Pfanne erhitzen. Die Zwiebelstreifen darin bei milder Hitze langsam mehr glasig als braun braten.

3. Die Eisbeine aus dem Sud nehmen, abtropfen lassen, die Schwarte ablösen, das Fleisch vom Knochen lösen, in grobe Stücke schneiden.

4. Die Eisbeinstücke in den Zwiebeln schwenken. Butter, Kapern und Thymian zugeben. Das Fleisch pfeffern. Zuerst die Zitronenfilets und zum Schluß den Schnittlauch unterrühren.

Das Eisbein mit Kartoffelpüree anrichten. Dafür das Püree evtl. in einen Spritzbeutel füllen und als Kreis auf den Teller spritzen.

Zubereitungszeit: 3 Stunden
Pro Portion 40 g E, 47 g F, 8 g KH = 616 kcal (2581 kJ)

HAUPTGERICHTE

Lafers Backhendl

Für 4 Portionen:
400 g Butterschmalz
1 Knoblauchknolle
(halbiert)
1 rote Zwiebel (geachtelt)
5 Rosmarinästchen
1 Poularde
(1,2 kg, küchenfertig)
Salz, Pfeffer
150 g Semmelbrösel
50 g Sonnenblumenkerne
(gemahlen)
150 g Mehl
4 Eier (Kl. M)

1. In einer breiten, tiefen Pfanne 50 g Butterschmalz erhitzen. Knoblauch, rote Zwiebel und Rosmarin hineingeben und bei milder Hitze 10 Minuten ziehen lassen, um das Fett zu aromatisieren. Die Gewürze herausnehmen, das restliche Butterschmalz hineingeben.

2. Die Poulardenkeulen abschneiden und im Gelenk durchschneiden. Die Brüste rechts und links vom Brustbein von den Rippen herunterschneiden und die Flügel abschneiden. Die Poulardenteile salzen, pfeffern und panieren. Dafür die Semmelbrösel mit den Sonnenblumenkernen mischen. Die Fleischteile erst in Mehl wälzen, dann durch die verquirlten Eier ziehen und anschließend tief in die Brösel drükken. Die Panade fest andrücken.

3. Die panierten Poulardenteile sofort mit der Hautseite nach unten ins aromatisierte Butterschmalz geben und bei milder Hitze in 10 Minuten schwimmend ausbakken, umdrehen und in 10 Minuten fertig backen. Auf Küchenpapier gut abtropfen lassen.

Dazu einen Rote-Bete-Salat mit Orangen servieren (siehe Rezept Seite 84).

Zubereitungszeit: 1 Stunde
Pro Portion 58 g E, 58 g F, 56 g KH = 977 kcal (4088 kJ)

HAUPTGERICHTE

Geschmorte Hasenkeule mit Lebkuchensauce

Für 4 Portionen:
4 Hasenkeulen
(à 300 g, küchenfertig)
8 Scheiben grüner
Speck (à 40 g)
Salz, Pfeffer
2 El Butterschmalz
50 g Möhrenwürfel
50 g Selleriewürfel
50 g rote Zwiebelwürfel
50 g Porreewürfel
2 Rosmarinzweige
5 Thymianzweige
3 Zitronenthymianzweige
5 schwarze Pfefferkörner
3 Gewürznelken
4 Wacholderbeeren
(zerdrückt)
400 ml Rotwein
(Spätburgunder)
150 ml Orangensaft
(frisch gepreßt)
500 ml Wildfond
1–2 Lebkuchen (ohne
Zuckerkruste, gewürfelt)
20 g zartbittere Schoko-
lade (kleingeschnitten)
1 El Kastanienhonig

1. Von den Hasenkeulen evtl. noch vorhandene Sehnen und Häute abschneiden. Jede Hasenkeule mit Küchengarn in 2 Speckscheiben einwickeln, auf der Oberseite mit Salz und Pfeffer würzen.

2. Das Butterschmalz im Bräter erhitzen. Die Hasenkeulen mit der gewürzten Seite nach unten hineinlegen und anbraten. Die oben liegende Seite salzen und pfeffern. Die Keulen umdrehen und weiter anbraten. Die Hasenkeulen aus dem Bräter nehmen.

3. Möhren, Sellerie, Zwiebeln und Porree ins Bratfett geben und kräftig mit Rosmarin, Thymian, Zitronenthymian, Pfefferkörnern, Nelken und Wacholder anrösten. Mit Rotwein ablöschen. Orangensaft und Wildfond zugeben. Die Hasenkeulen in den Schmorfond legen.

4. Die Hasenkeulen im vorgeheizten Backofen auf der 2. Einschubleiste von unten 1 1/2 – 2 Stunden bei 150 Grad schmoren (Gas 1, Umluft 1 1/2–2 Stunden bei 130 Grad).

5. Die Keulen aus dem Bräter nehmen, mit Alufolie zudecken und warm stellen. Den Schmorfond durch ein Sieb in einen Topf gießen. Das Gemüse dabei gut ausdrücken. Den Fond bei starker Hitze auf die Hälfte einkochen lassen.

6. Die Lebkuchenwürfel in die Sauce rühren. Die Sauce mit Schokolade binden und mit Honig, Salz und Pfeffer würzen. Die Hasenkeulen ohne Garn und Speck auf vorgewärmten Tellern anrichten und mit Sauce begießen.

Dazu Orangennudeln servieren (siehe Rezept Seite 94).

Zubereitungszeit: 2 Stunden, 30 Minuten
Pro Portion 47 g E, 37 g F, 18 g KH = 632 kcal (2644 kJ)

HAUPTGERICHTE

Wintereintopf mit Ochsenwade

Für 4–6 Portionen:
2 kg Ochsenwade
(mit Knochen, vom
Metzger in dicke
Scheiben geschnitten)
1 Zwiebel (halbiert,
auf den Schnittflächen
gebräunt)
1/2 Porreestange
(grobe Stücke)
2 Möhren
(grob gewürfelt)
2 Thymianzweige
2 Rosmarinzweige
1 Tl weiße Pfefferkörner
2 Lorbeerblätter
Salz
200 g rohe
Kartoffelscheiben
100 g Möhrenscheiben
100 g Schwarzwurzel-
scheiben
200 g Rosenkohl
100 g Petersilien-
wurzelscheiben
100 g Wirsingblätter
(grob gewürfelt)
Pfeffer
50 g Meerrettichwurzel
(frisch geraspelt)

1. Das Fleisch mit heißem Wasser überbrühen, abspülen, mit soviel kaltem Wasser in einen Topf geben, daß es gut bedeckt ist. Gebräunte Zwiebel, Porree, Möhren, Thymian, Rosmarin, Pfefferkörner und Lorbeerblätter zugeben. Salzen und bei milder Hitze ohne Deckel etwa 2 Stunden leise kochen lassen. Die Brühe zwischendurch immer wieder abschäumen.

2. Das Fleisch aus der Brühe nehmen, etwas abkühlen lassen und grob würfeln. Das Fett dabei abschneiden.

3. Die Brühe entfetten und in 20 Minuten auf 1 1/2 l einkochen lassen. Ein großes Sieb mit einem Passiertuch auslegen. 1 l Brühe durch das Tuch in einen anderen Topf gießen. (Die restliche Brühe anderweitig verwenden). Die Kartoffeln zuerst in die Brühe geben. Nach 1 Minute Möhren, Schwarzwurzeln, Rosenkohl und Petersilienwurzeln zugeben und 15 Minuten garen. Den Wirsing und das Fleisch in den Topf geben, salzen und pfeffern und 2 Minuten ziehen lassen.

Den Eintopf am Tisch mit Meerrettich bestreuen und ein Petersilienpesto dazu servieren. (siehe Rezept unten).

Zubereitungszeit: 3 Stunden
Pro Portion (bei 6 Portionen) 42 g E, 9 g F, 10 g KH = 289 kcal (1213 kJ)

Petersilien-Pesto

Für 4–6 Portionen die Blätter von 1 Bund glatter Petersilie, 1 geschälte, halbierte Knoblauchzehe, 20 g geröstete Pinienkerne, 40 g geriebenen Bergkäse und 50 ml Olivenöl in die Küchenmaschine geben und zu einer feinen Paste pürieren. Salzen und pfeffern und zum Wintereintopf servieren.

73

HAUPTGERICHTE

Spieße vom Schweinenacken mit Spinatsalat und Knoblauch-Chips

Für 4 Portionen:

Spieße

400 g Schweinenacken
1/2 Tl Kümmel
1 Tl schwarze Pfefferkörner (grob zerstoßen)
5 dicke Zweige Rosmarin
80 ml Weinbrand
8 Lorbeerblätter
20 g Butterschmalz
Salz
Pfeffer

Chips

4 große Knoblauchzehen
200 ml Öl
Salz

Salat

200 g junger Spinat
2 El Walnußöl
Salz
weißer Pfeffer

1. Am Tag vorher vom Fleisch grobes Fett und Sehnen abschneiden. Das Fleisch gleichmäßig groß würfeln (2 cm) und in eine Schüssel geben. Mit Kümmel, Pfefferkörnern und Ästchen von 1 Rosmarinzweig würzen und den Weinbrand dazugießen. Alles gut durchheben. Die Schüssel mit Klarsichtfolie zudecken. Das Fleisch im Kühlschrank über Nacht (mindestens 5 Stunden) marinieren.

2. Am nächsten Tag von den restlichen Rosmarinzweigen die Nadeln (bis auf die Spitzen) abstreifen. Jeweils 3 Fleischstücke mit einem Grillspieß durchbohren und dann abwechselnd mit Lorbeerblättern auf die Rosmarinzweige ziehen.

3. Das Butterschmalz in eine heiße Grillpfanne geben. Die Hitze herunterschalten. Die Spieße ganz langsam rundherum braten, damit das Fleisch und der Lorbeer nicht verbrennen. Das Fleisch nach dem Umdrehen salzen und pfeffern und immer wieder mit dem Bratfett beträufeln.

4. Inzwischen den Knoblauch in dünne Scheiben schneiden und im heißen Öl goldbraun backen. Mit der Schaumkelle herausheben und auf Küchenpapier abtropfen lassen. Die Chips anschließend salzen.

5. Den Spinat putzen, gründlich waschen und gut abtropfen lassen. Die Spinatblätter auf einer flachen Platte ausbreiten, mit Walnußöl beträufeln, herzhaft salzen und pfeffern.

6. Die Spieße auf dem Spinatsalat anrichten und mit etwas Bratfett beträufeln. Zum Schluß die Knoblauch-Chips darüberstreuen.

Die Spieße und den Salat mit einem gefüllten Baguette servieren (siehe Rezept Seite 86).

Zubereitungszeit: 45 Minuten
(plus Zeit zum Marinieren)
Pro Portion 22 g E, 30 g F, 3 g KH = 389 kcal (1626 kJ)

HAUPTGERICHTE

Kalbsschulter im Thymiansud

Für 4 Portionen:
1 kg Kalbsschulter (ohne Knochen)
Salz, Pfeffer
2 El Butterschmalz
1/2 l Kalbsfond
50 g Schalotten (halbiert)
50 g Porreestreifen
50 g Selleriestifte
1/2 Bund Thymian
2 Rosmarinzweige
2 Lorbeerblätter
2 Knoblauchzehen
1 Tl weiße Pfefferkörner
300 ml Weißwein (Grauburgunder)
40 g kalte Butter (kleine Würfel)
1 Tl Zitronenthymian (gehackt)
1 El glatte Petersilie (gehackt)
dünne Scheiben von 1 Zitrone (geschält)

1. Das Fleisch mit Salz und Pfeffer würzen. Butterschmalz in einem kleinen Bräter erhitzen. Das Fleisch darin rundherum anbraten. Das Fleisch aus dem Bräter nehmen. Etwas Kalbsfond angießen, um den Bratensatz zu lösen. Schalotten, Porree und Sellerie zugeben, mit Thymian, Rosmarin, Lorbeer, Knoblauch und Pfefferkörnern würzen und alles kurz anbraten. Wein und den restlichen Fond zugießen und salzen. Das Fleisch wieder in den Bräter geben.

2. Das Fleisch zugedeckt im vorgeheizten Backofen auf der 2. Einschubleiste von unten 1 1/2–2 Stunden bei 160 Grad braten (Gas 2, Umluft 1 1/2 Stunden bei 140 Grad).

3. Das Fleisch aus dem Bräter nehmen, mit Alufolie zudecken und warm stellen.

4. Ein großes Sieb mit einem Passiertuch auslegen. Den Bratenfond durch das Tuch in einen Topf gießen und sämig einkochen lassen.

5. Die kalte Butter zum Binden in kleinen Stücken in die Sauce rühren. Zitronenthymian und Petersilie unterrühren, salzen und pfeffern. Die Zitronenscheiben hineingeben.

6. Den Braten aufschneiden und mit der Sauce anrichten. Glasierte Rübchen dazu reichen (siehe Rezept Seite 85).

Zubereitungszeit: 2 Stunden, 30 Minuten
Pro Portion 50 g E, 28 g F, 2 g KH = 480 kcal (2006 kJ)

HAUPTGERICHTE

Kartoffelpüree und Feldsalat mit Speck-Vinaigrette und Kartoffel-Chips

Für 4 Portionen:

Püree
700 g große Kartoffeln (mehligkochend)
100 ml Milch
80 g Butter
Salz
Muskatnuß (frisch gerieben)
1–2 El geschlagene Sahne

Salat
200 g Feldsalat
150 g durchwachsener Speck
4 Schalotten
1 El Butterschmalz
3–5 El Weißweinessig
120 ml Kalbsfond
Kümmel (Mühle)
Salz
4 El Walnußöl

Chips
2 kleine Kartoffeln
3 El Butterschmalz
Salz, Pfeffer

1. Für das Püree die Kartoffeln in Alufolie wickeln und im vorgeheizten Backofen auf der 2. Einschubleiste von unten etwa 70 Minuten bei 180 Grad backen (Gas 2–3, Umluft 1 1/2 Stunden bei 160 Grad).

2. Inzwischen für den Salat den Feldsalat putzen, sehr gut waschen und sehr gut abtropfen lassen oder in einer Salatschleuder trocken schleudern.

3. Den Speck und die Schalotten fein würfeln. Das Butterschmalz erhitzen, erst den Speck darin anbraten, dann die Schalotten zugeben und glasig braten. Mit Essig ablöschen und den Fond zugießen. Die Vinaigrette mit Kümmel und Salz würzen und etwas abkühlen lassen. Das Walnußöl unterrühren. Die Vinaigrette warm halten.

4. Inzwischen für das Püree Milch und Butter etwas einkochen, kräftig mit Salz und Muskat würzen.

5. Für die Chips die Kartoffeln schälen und in dünne Scheiben schneiden. Das Butterschmalz in einer breiten Pfanne erhitzen. Die Kartoffelscheiben darin goldbraun ausbraten, auf Küchenpapier abtropfen lassen, salzen und pfeffern.

6. Inzwischen die Kartoffeln aus der Folie nehmen, der Länge nach durchschneiden und mit dem Löffel aushöhlen. Die heiße Kartoffelmasse durch die Kartoffelpresse in eine Schüssel drücken. Die gewürzte Milch nach und nach mit dem Schneebesen unter die Kartoffeln rühren. Wichtig: Immer erst Milch zugießen, wenn die vorherige völlig von den Kartoffeln aufgenommen ist. Zum Schluß die geschlagene Sahne unter das Püree rühren.

7. Das Kartoffelpüree auf vorgewärmten Tellern anrichten. Den Feldsalat daraufgeben und unmittelbar vor dem Servieren mit der warmen Speck-Vinaigrette begießen und mit den Kartoffelchips bestreuen.

Zubereitungszeit: 1 Stunde, 30 Minuten
Pro Portion 7 g E, 62 g F, 26 g KH = 685 kcal (2869 kJ)

HAUPTGERICHTE

Süß-saures Schweinscarré mit dreierlei Zwiebeln

Für 4–6 Portionen:
125 ml Kalbsfond
150 ml Weißweinessig
Salz
3 El Zucker
7 Rosmarinzweige
1 Bund Thymian
2 Lorbeerblätter
1 Tl weiße Pfefferkörner
1,2 kg Schweinscarré (vom Metzger die Knochen freiputzen und die Schwarte abschneiden lassen)
2 El Butterschmalz
Pfeffer
4 rote Zwiebeln (geviertelt)
4 Schalotten (halbiert)
8 Perlzwiebeln
1 Tl Speisestärke
1 El Thymianblättchen (gehackt)
1 El glatte Petersilie (gehackt)

1. Den Kalbsfond mit Essig, Salz, 1 El Zucker, 4 Rosmarinzweigen, 1/2 Bund Thymian, Lorbeer und Pfefferkörnern aufkochen. Das Fleisch hineinlegen und bei milder Hitze 30 Minuten zugedeckt kochen lassen.

2. Das Fleisch aus dem Sud nehmen und auf Küchenpapier abtropfen lassen.

3. Das Butterschmalz in einem Bräter erhitzen. Das Fleisch darin rundherum anbraten, salzen und pfeffern. Das Fleisch aus dem Bräter nehmen. Die Zwiebeln ins Bratfett geben und anbraten. Den restlichen Zukker hineinstreuen und die Zwiebeln glasieren. Zum Ablöschen den Essigsud durch ein Sieb in den Bräter gießen. Den restlichen Rosmarin und Thymian dazugeben. Das Schweinscarré auf der Knochenseite in den Bräter legen und mit dem Zwiebelfond begießen.

4. Das Fleisch im vorgeheizten Backofen auf der 2. Einschubleiste von unten 40 Minuten bei 160 Grad garen (Gas 2, Umluft 40 Minuten bei 150 Grad). Das Fleisch während des Bratens immer wieder mit Bratenfond beschöpfen, eventuell noch Kalbsfond dazugießen.

5. Das Fleisch und die Kräuter aus dem Bräter nehmen. Die Speisestärke mit wenig kaltem Wasser anrühren, die Sauce damit leicht binden. Die gehackten Kräuter unterziehen und salzen. Den Braten mit der Sauce servieren. Dazu passen Schneekartoffeln.

Zubereitungszeit: 1 Stunde, 30 Minuten
Pro Portion (bei 6 Portionen) 37 g E, 17 g F, 10 g KH = 342 kcal (1434 kJ)

Schneekartoffeln

Für 4 Portionen 400 g mehligkochende Kartoffeln schälen und in Salzwasser garen, abgießen, sehr gut ausdämpfen lassen.

Die heißen Kartoffeln durch die Kartoffelpresse drücken. 60 g Butter in kleinen Flöckchen darauf geben, mit frisch geriebener Muskatnuß und Salz würzen. Die Schneekartoffeln zum süßsauren Schweinscarré servieren.

HAUPTGERICHTE

Gratiniertes Rinderfilet mit Steinpilz-Sabayon

Für 4 Portionen:
100 g Shiitake-Pilzköpfe
100 g Champignons
100 g Austernpilze
250 g Broccoliröschen
250 g Blumenkohlröschen
Salz
2 El Butterschmalz
4 Rinderfiletscheiben (à 180 g)
4 Rosmarinzweige
3 Thymianzweige
Pfeffer
1 El Butter für die Form

Sabayon
40 g Steinpilze (getrocknet)
1 El Butterschmalz
2 Schalotten (in Streifen)
2 Knoblauchzehen (in Streifen)
2 Rosmarinzweige
5 Thymianzweige
4 El weißer Portwein
1/8 l Rinderfond
5 Eigelb (Kl. M)
50 g Butterwürfel (zimmerwarm)
2 El Kerbel (gehackt)
1 Msp. Steinpilzpulver
2 El geschlagene Sahne

1. Die Pilze putzen, nur abreiben und grob würfeln. Broccoli- und Blumenkohlröschen in kochendem Salzwasser 5 Minuten knapp garen, in Eiswasser abschrecken und gut abtropfen lassen.

2. 1 El Butterschmalz in einer breiten Pfanne erhitzen. Die Filets darin bei milder Hitze langsam anbraten. Nach dem Umdrehen Rosmarin- und Thymianzweige mitbraten. Die Filets salzen und pfeffern.

3. Eine ofenfeste Form mit Butter einfetten. Die Filets hineinlegen.

4. Die Kräuter aus dem Bratfett nehmen. Das restliche Butterschmalz dazugeben. Die Pilze zugeben und langsam braten. Mit Salz und Pfeffer würzen. Die Pilze, die Broccoli- und Blumenkohlröschen in die Form geben, salzen und pfeffern.

5. Für den Sabayon die getrockneten Steinpilze gut waschen, in 1/8 l lauwarmem Wasser einweichen.

6. Das Butterschmalz in die Pfanne geben. Schalotten und Knoblauch darin glasig dünsten. Dabei Rosmarin und Thymian zugeben. Die eingeweichten Steinpilze mit dem Einweichwasser zugeben. Den Portwein und den Fond dazugießen. Alles auf 1/8 l einkochen lassen, durch ein Sieb gießen und die Flüssigkeit auffangen.

7. Eigelb in einem Schlagkessel verrühren. Dabei die heiße Flüssigkeit unter kräftigem Rühren zugießen. Den Kessel in das heiße Wasserbad setzen. Den Sabayon cremig-schaumig aufschlagen, aus dem Wasserbad nehmen, kurz kalt weiterschlagen. Die Butterwürfel unterrühren. Den Kerbel zugeben und mit Steinpilzpulver würzen. Zum Schluß die geschlagene Sahne unterheben.

8. Den Pilzsabayon in die Form gießen. Die Form im vorgeheizten Backofen auf die 2. Einschubleiste von unten stellen. Das Rinderfilet 10–15 Minuten bei 220 Grad überbacken (Gas 3–4, Umluft 10 Minuten bei 200 Grad). Danach für 2–3 Minuten den Grill einschalten.

Die gratinierten Rinderfilets in der Form servieren.

Zubereitungszeit: 1 Stunde, 10 Minuten
Pro Portion 50 g E, 55 g F, 4 g KH = 712 kcal (2983 kJ)

BEILAGEN Schnell zubereitet: Salate, Gemüse,

Rote-Bete-Salat mit Orangen

Für 4 Portionen:
2 Rote Bete (250 g)
Salz
3 Stangen Staudensellerie (200 g)
3 Orangen (unbehandelt)
30 ml Weißweinessig
Pfeffer
80 ml Distelöl
2 El Schnittlauch (feine Röllchen)

1. Die Rote Bete je nach Größe 30–45 Minuten in Salzwasser garen, abgießen, etwas abkühlen lassen, mit Handschuhen schälen und in Scheiben schneiden. Den Staudensellerie putzen, in 4 cm lange Stifte schneiden, 1/2 Minute in Salzwaser blanchieren, abschrecken und abtropfen lassen. Von 1/2 Orange die Schale abreiben. Aus allen Orangen die Filets herauslösen.

2. Für die Sauce Weißweinessig mit Salz und Pfeffer verrühren. Das Öl zugießen. Orangenschale und Schnittlauchröllchen unterziehen.

3. Rote Bete, Staudensellerie und Orangen in einer flachen Schale mischen, mit der Sauce begießen und vor dem Servieren etwas durchziehen lassen.

Den Rote-Bete-Salat mit Orangen zum Backhendl servieren (siehe Rezept Seite 69).

Zubereitungszeit: 1 Stunde
Pro Portion 3 g E, 20 g F, 17 g KH = 269 g kcal (1124 kJ)

Nudeln und Kartoffeln

Glasierte Rübchen

Für 4 Portionen:
*300 g weiße Rübchen
(Navets oder Teltower Rübchen)
40 g Butter
1 El Schalottenstreifen
20 g Zucker
50 ml Kalbsfond
Salz, Pfeffer*

1. Die Rübchen schälen, dabei die Stiele 1/2 cm lang stehen lassen. Feine Blättchen abzupfen und beiseite legen. Die Rübchen waschen und abtropfen lassen.

2. Die Butter bei milder Hitze in einer Pfanne erhitzen. Die Schalotten darin glasig dünsten. Den Zucker zugeben und schmelzen lassen. Die Rübchen zugeben und glasieren. Kalbsfond dazugießen, mit Salz und Pfeffer würzen. Die Rübchen im geschlossenen Topf bei milder Hitze 10 Minuten garen.

3. Die Rübchenblätter in feine Streifen schneiden und unter das Gemüse ziehen.

Die glasierten Rübchen zur Kalbsschulter servieren (siehe Rezept Seite 77).

Zubereitungszeit: 30 Minuten
Pro Portion 1 g E, 8 g F, 8 g KH = 110 kcal (457 kJ)

BEILAGEN

Gefülltes Baguette

Für 4–6 Portionen:
80 g durchwachsener Speck
1 Baguette (50 cm)
130 g zimmerwarme Butter
1 El süßer Senf
2 El gehackte Petersilie
evtl. Chili (Mühle)

1. Den Speck würfeln, in einer Pfanne ohne Fett knusprig braun ausbraten und abkühlen lassen. Inzwischen das Baguette im Abstand von 2 cm ein-, aber nicht durchschneiden.

2. Die Butter glattrühren. Den Senf und die Petersilie untermischen. Zum Schluß die Speckwürfel zugeben. Die Paste gut verrühren (dabei eventuell mit etwas Chili würzen) und in die Brotkerben streichen.

3. Das gefüllte Baguette auf ein Backblech setzen und im vorgeheizten Backofen auf der 2. Einschubleiste von unten 10–12 Minuten bei 180 Grad backen (Gas 2–3, Umluft 5–8 Minuten bei 200 Grad).

Das gefüllte Baguette zu den Spießen vom Schweinenacken reichen (siehe Rezept Seite 75).

Zubereitungszeit: 25 Minuten
Pro Portion (bei 6 Portionen) 8 g E, 30 g F, 43 g KH = 468 kcal (1957 kJ)

Bohnengemüse

Für 4–6 Portionen:
600 g Stangenbohnen, Salz
50 g Butter
1 El Knoblauchwürfel
1 El Schalottenwürfel
40 g durchwachsener Speck (gewürfelt)
200 ml Schlagsahne
1 Tl gehacktes Bohnenkraut
1 El geschlagene Sahne, Pfeffer

1. Die Bohnen putzen, in Rauten schneiden, in Salzwasser 5 Minuten blanchieren, in Eiswasser abschrecken und gut abtropfen lassen.

2. Die Butter im Topf erhitzen, Knoblauch, Schalotten und Speck darin glasig dünsten. Die Bohnen zugeben. Die Sahne zugießen und in 5 Minuten etwas einkochen lassen. Die Bohnen dürfen nicht zu weich werden.

3. Das Bohnenkraut unter die Bohnen rühren, die geschlagene Sahne locker unterziehen und zum Schluß mit etwas Salz und Pfeffer würzen.

Das Bohnengemüse zum gefüllten Schweinerollbraten servieren (siehe Rezept Seite 37).

Zubereitungszeit: 45 Minuten
Pro Portion (bei 6 Portionen) 4 g E, 23 g F, 5 g KH = 242 kcal (1016 kJ)

BEILAGEN

Lafers steirisches Kürbisgemüse

Für 4 Portionen:
1 kg Kürbis
Salz
30 g Butter
100 g Schalottenwürfel
200 ml Rinderfond
2 El Kürbiskerne
1 Tl Paprikapulver (edelsüß)
2 El saure Sahne
Pfeffer
1–2 El Kürbiskernöl

1. Den Kürbis schälen und mit einem Löffel entkernen. Den Kürbis in Stücke schneiden, auf der Haushaltsreibe in ein Küchentuch raspeln und salzen. 20 Minuten entwässern und anschließend im Tuch gut ausdrücken.

2. Die Butter in einem Topf erhitzen. Die Schalottenwürfel darin glasig dünsten. Den Kürbis unterrühren und den Rinderfond zugießen. Zugedeckt bei milder Hitze 5–10 Minuten garen.

3. Inzwischen die Kürbiskerne in einer Pfanne ohne Fett rösten.

4. Den Kürbis mit Paprika würzen. Die saure Sahne unterrühren und pfeffern. Zum Schluß das Kürbiskernöl und die Kürbiskerne unterrühren.

Das Kürbisgemüse zu den süß-sauren Schweinenackensteaks servieren (siehe Rezept Seite 35).

Zubereitungszeit: 45 Minuten
Pro Portion 8 g E, 16 g F, 17 g KH = 247 kcal (1033 kJ)

Sauer eingelegtes Gemüse

Für 4–6 Portionen:
1/2 l Fleischbrühe
1/2 l Pflaumenwein
Saft von 2 Limetten
100 ml Weißweinessig
1 El Zucker
4 Knoblauchzehen
3 Zweige Koriandergrün
40 g frische Ingwerwürfel
1 El weiße Pfefferkörner
2 Lorbeerblätter
Salz

je 250 g rote, gelbe und grüne Paprikaschotenviertel
200 g Blumenkohlröschen
200 g Broccoliröschen
100 g Frühlingszwiebelstücke
200 g Möhrenwürfel

1. Für den Sud Fleischbrühe und Pflaumenwein mit Limettensaft, Weißweinessig, Zucker, Knoblauch, Koriandergrün, Ingwer, Pfefferkörnern, Lorbeer und Salz 10 Minuten kochen lassen.

2. Paprika, Blumenkohl, Broccoli, Frühlingszwiebeln und Möhren nacheinander in Salzwasser blanchieren, in ein Sieb schütten und abtropfen lassen.

3. Das Gemüse in ein Glas schichten, mit dem heißen Gewürzsud übergießen und abkühlen lassen. Das Glas mit Klarsichtfolie verschließen und in den Kühlschrank stellen. Das Gemüse mindestens 24 Stunden durchziehen lassen. Es hält sich im Kühlschrank 4–5 Tage.

Das sauer eingelegte Gemüse zu den Lachsforellen-Bällchen servieren (siehe Rezept Seite 47).

Zubereitungszeit: 45 Minuten (plus Zeit zum Durchziehen)
Pro Portion (bei 6 Portionen) 3 g E, 1 g F, 10 g KH = 196 kcal (819 kJ)

BEILAGEN

Kartoffelpüree mit Meerrettich

Für 4 Portionen:
500 g Kartoffeln
Salz
1/8 l Schlagsahne
50 ml Milch
Muskatnuß (frisch gerieben)
Salz
40 g Butter
30 g frische Meerrettichwurzel
1-2 El geschlagene Sahne

1. Kartoffeln schälen, waschen, in Stücke schneiden und in Salzwasser garen. Dann abgießen und auf der ausgeschalteten Kochstelle gut ausdämpfen lassen.

2. Inzwischen Sahne und Milch etwas einkochen lassen.

3. Die Kartoffeln heiß durch die Kartoffelpresse drücken. Die eingekochte Milch nach und nach mit dem Schneebesen unterrühren. Mit Muskat und Salz würzen. Die Butter zugeben und unterrühren. Den Meerrettich hineinreiben. Die geschlagene Sahne unterheben.

Das Kartoffelpüree mit Meerrettich zum Eisbein servieren (siehe Rezept Seite 67).

Zubereitungszeit: 40 Minuten
Pro Portion 4 g E, 20 g F, 17 g KH = 260 kcal (1090 kJ)

Endiviensalat mit Pfeffer-Vinaigrette

Für 4 Portionen:
200 g Endiviensalat
1 Bund Schnittlauch
4 große Radieschen
80 ml Schmand (Sauerrahm)
2 El Distelöl
1 El Weißweinessig
Salz, Pfeffer
Zucker
1 El grüner Pfeffer (Glas)

1. Den Salat putzen, waschen, trocknen, in Streifen schneiden. Den Schnittlauch in feine Röllchen und die Radieschen in feine Scheiben schneiden.

2. Aus Schmand, Distelöl, Weißweinessig, Salz, Pfeffer und 1 Prise Zucker eine Sauce rühren.

3. Die Sauce über den Salat träufeln. Schnittlauch, Radieschen und Pfefferkörner daraufstreuen. Alles gut mischen, zum pochierten Kalbsrücken servieren (siehe Rezept Seite 53).

Zubereitungszeit: 20 Minuten
Pro Portion 1 g E, 9 g F, 3 g KH = 98 kcal (412 kJ)

BEILAGEN

Semmelauflauf

Für 4–6 Portionen:
5 Brötchen (vom Vortag, insgesamt ca. 180 g)
100 ml lauwarme Milch
3 Schalotten
40 g Frühstücksspeck
1 Bund glatte Petersilie
50 g Butterschmalz
2 Eigelb (Kl. M)
Salz, Pfeffer
Muskatnuß (frisch gerieben)
3 Eiweiß (Kl. M)
Butter und Semmelbrösel für die Form

1. Die Brötchen klein würfeln und in der Milch einweichen. Die Schalotten fein würfeln. Den Frühstücksspeck fein würfeln. Die Petersilienblätter fein hacken.

2. Das Butterschmalz in einer Pfanne erhitzen. Den Speck und die Schalotten zugeben und glasig dünsten.

3. Das Eigelb unter die Brötchen rühren. Die Farce herzhaft mit Salz, Pfeffer und Muskat würzen. Die Speckmischung und die Petersilie zugeben und gut unterrühren. Das Eiweiß mit 1 Prise Salz steif schlagen und unterheben.

4. Eine Gugelhupfform (1 1/2 l Inhalt) mit Butter einfetten, mit Semmelbröseln ausstreuen und in einen ebenso hohen Topf stellen. Wasser in den Topf gießen. Die Semmelfarce in die Form füllen.

5. Den Topf im vorgeheizten Backofen auf die 2. Einschubleiste von unten stellen. Den Auflauf im Wasserbad 40 Minuten bei 150 Grad garen (Gas 2, Umluft nicht empfehlenswert).

6. Den Semmelauflauf aus dem Wasserbad nehmen und auf eine Platte stürzen. Mit einem Sägemesser dicke Scheiben schneiden und zum Kalbsrahmgulasch servieren (siehe Rezept Seite 45).

Zubereitungszeit: 1 Stunde
Pro Portion (bei 6 Portionen) 7 g E, 18 g F, 18 g KH = 265 kcal (1109 kJ)

Karamelisierte Schmorgurken

Für 4 Portionen:
2 Schmorgurken (à 350 g)
Salz
1 El Zucker
1 El Butter
Pfeffer
3 El Weißweinessig
1/2 Bund frischer Dill
1 Tl grobkörniger Senf (Dijon)
1 El Crème fraîche

1. Die Gurken schälen, längs halbieren und mit einem Löffel die Kerne herausschaben. Die Gurken in 3 mm dünne Stücke schneiden. Ein Sieb mit einem Tuch auslegen und in eine Schüssel einhängen. Die Gurken hineingeben, salzen, 20 Minuten Wasser ziehen lassen und im Tuch gut ausdrücken.

2. Den Zucker in einer heißen Pfanne schmelzen, die Butter unterrühren. Die trockenen Gurken in den Karamel rühren und damit glasieren. Die Gurken mit Pfeffer und wenig Salz würzen. Den Essig zugießen. Die Gurken zugedeckt bei milder Hitze 5 Minuten schmoren.

3. Inzwischen den Dill fein hacken. Den Senf unter die Gurken rühren. Die Gurken vom Herd nehmen. Die Crème fraîche unterrühren. Den gehackten Dill hineinstreuen.

Die karamelisierten Schmorgurken zu den gefüllten Schweinehackbällchen servieren (siehe Rezept Seite 51).

Zubereitungszeit: 15 Minuten
(plus Zeit zum Entwässern)
Pro Portion 1 g E, 7 g F, 8 g KH = 104 kcal (434 kJ)

BEILAGEN

Orangennudeln

Für 4 Portionen:
160 g Bandnudeln
Salz
100 ml Schlagsahne
200 ml Orangensaft
(frisch gepreßt)
Schale von 2 Orangen
(unbehandelt)
Pfeffer
Zucker
1 El geschlagene Sahne
1/2 El Estragonblättchen
(fein gehackt)

1. Die Bandnudeln in Salzwasser kochen, anschließend in einem Sieb mit kaltem Wasser abspülen und gut abtropfen lassen.

2. Inzwischen Sahne und Orangensaft auf die Hälfte einkochen lassen.

3. Die Orangenschale ohne die weiße Innenhaut in sehr schmale Streifen schneiden, in kochendem Salzwasser blanchieren, abgießen und in die Orangensahne geben. Die Sauce salzen, pfeffern und mit 1 Prise Zucker würzen.

4. Die Bandnudeln in die Orangensauce geben und darin durchschwenken, mit geschlagener Sahne und Estragon verfeinern.

Zu den Hasenkeulen in Lebkuchensauce servieren (siehe Rezept Seite 71).

Zubereitungszeit: 20 Minuten
Pro Portion 6 g E, 10 g F, 34 g KH = 254 kcal (1064 kJ)

Porreesalat mit Schnittlauch-Vinaigrette

Für 4 Portionen:
2 Porreestangen
Salz
2 El Weißweinessig
Pfeffer
4 El Öl
1 El Schalottenwürfel
2 El Schnittlauch (in Röllchen)

1. Porreestangen putzen, waschen und schräg in dünne Ringe schneiden. In kochendem Salzwasser bißfest garen, mit kaltem Wasser abschrecken und gut abtropfen lassen. Aus Essig, Salz, Pfeffer, Öl, Schalottenwürfeln und Schnittlauchröllchen eine Salatsauce rühren und die Porreeringe darin marinieren.

2. Den Porreesalat mit Schnittlauch Vinaigrette zum Bratengröstel servieren (siehe Rezept Seite 59).

Zubereitungszeit: 20 Minuten
Pro Portion 1 g E, 10 g F, 2 g KH = 107 kcal (447 g kJ)

DESSERTS Süßer Genuß mit Creme und Parfait,

...rüchten und Knödel

Sektkaltschale mit Sommerbeeren und Minze-Joghurtschaum

Für 4 Portionen:

Joghurtschaum

*2 Blatt Gelatine
2 El Milch
200 g Joghurt
Saft und Schale von
1 Limette
2 Eiweiß
60 g Zucker
80 ml geschlagene Sahne
1 El feine Minzestreifen*

Kaltschale

*200 ml Weißwein
50 g Zucker
2 Blatt Gelatine
Saft und Schale von
1/2 Limette
Saft und Schale von
1 Orange (unbehandelt)
300 ml Sekt (gut gekühlt)
je 100 g geputzte
Johannisbeeren,
Heidelbeeren, Himbeeren
und Erdbeeren
(geviertelt)
4 kleine Minzesträußchen
zum Dekorieren*

1. Für den Joghurtschaum die Gelatine in warmer Milch auflösen und unter den Joghurt rühren, mit Limettensaft und -schale würzen. Das Eiweiß mit dem Zucker steif schlagen und unter den Joghurt rühren. Die geschlagene Sahne unterheben und die Minzestreifen unterziehen. Den Joghurtschaum mit Klarsichtfolie zudecken und 2 Stunden im Kühlschrank durchkühlen lassen.

2. 50 ml Weißwein im Topf erwärmen, den Zucker unter Rühren darin auflösen. Die Gelatine in kaltem Wasser einweichen, ausdrücken und tropfnaß im Weißwein auflösen. Den Wein in eine Schüssel gießen, den Limetten- und Orangensaft und den restlichen Weißwein zugießen, mit Limetten- und Orangenschale würzen. Die Weinmischung auf Eiswürfel stellen und etwas gelieren lassen.

3. Den Sekt langsam in den leicht gelierten Weinsud einrühren, damit die Kohlensäure nicht zerstört wird. Die Beeren mischen, portionsweise in gut gekühlte, tiefe Teller geben und mit der Sektkaltschale begießen. Mit einem heißen Löffel Nocken aus dem Joghurtschaum ausstechen und eine auf jeder Sektkaltschale anrichten. Zum Schluß jeden Teller mit einem Minzesträußchen dekorieren. Die Sektkaltschale sofort servieren.

Zubereitungszeit: 45 Minuten
(plus Kühlzeit)
Pro Portion 7 g E, 9 g F, 43 g KH =
373 kcal (1562 kJ)

DESSERTS

Geschmorte Birnen mit Vanilleeis und Karamelsplittern

Für 4–6 Portionen:
3 Birnen (à 200 g)
Saft von 1 Zitrone
2 El Honig
50 g Zucker
20 g Butter
1/8 l Gewürztraminer
250 ml Birnendicksaft (Reformhaus)
abgeriebene Schale von je 1/2 Orange und Zitrone (unbehandelt)
Gewürznelke (Mühle)
100 g Puderzucker
4–6 Kugeln Vanilleeis
4–6 Minzesträußchen zum Dekorieren

1. Die Birnen schälen, halbieren, entkernen, in Spalten schneiden und mit Zitronensaft beträufeln, damit sie nicht braun werden (oder in Zitronenwasser einlegen).

2. Den Honig in einer Pfanne erhitzen. Den Zucker und die Butter unterrühren und hellbraun werden lassen. Die abgetropften Birnen hineingeben und gut glasieren. Den Gewürztraminer und den Birnendicksaft zugießen. Orangen- und Zitronenschale zugeben und mit Gewürznelke (aus der Mühle) würzen. Die Birnen bei milder Hitze zugedeckt 5 Minuten schmoren.

3. Für den Krokant Puderzucker in einen heißen Topf sieben und unter ständigem Rühren hellbraun karamelisieren. Ein Backblech mit Backpapier auslegen und den Karamel darauf schütten, etwas verlaufen und kalt werden lassen. Den Krokant mit einem Messer grob zerteilen.

4. Je 1 Kugel Vanilleeis auf einen gut gekühlten Dessertteller setzen. Die geschmorten Birnen daneben anrichten. Die Krokantsplitter darüber verteilen. Das Dessert mit Minzesträußchen dekorieren und servieren.

Zubereitungszeit: 45 Minuten
Pro Portion (bei 6 Portionen)
4 g E, 6 g F, 77 g KH = 375 kcal (1569 kJ)

DESSERTS

Heidelbeerschmarren

Für 4–6 Portionen:
200 g Heidelbeeren
80 g Mehl
120 ml Milch
1 El Honig (erwärmt)
4 Eigelb
abgeriebene Schale von
1/2 Zitrone (unbehandelt)
Salz
20 ml Heidelbeergeist
Mark von 1 Vanilleschote
2 Eiweiß
40 g Zucker
40 g Butter

1. Die Heidelbeeren verlesen, waschen, gut abtropfen lassen.

2. Mehl, Milch und Honig in einer Schüssel verrühren. Eigelb unterrühren. Mit Zitronenschale und 1 Prise Salz würzen. Heidelbeergeist und Vanillemark unterrühren.

3. Das Eiweiß mit 20 g Zucker sehr steif schlagen und vorsichtig unter den flüssigen Teig rühren.

4. 20 g Butter in einer Pfanne (28 cm Ø) zerlaufen lassen. Die Beeren darin ganz kurz anbraten. Sie sollen Glanz bekommen, aber nicht verbrennen. Den Teig gleichmäßig darübergießen und leicht verrühren.

5. Den Schmarren im vorgeheizten Backofen auf der 2. Einschubleiste von unten erst 10 Minuten bei 220 Grad, dann 10 Minuten bei 160 Grad backen (Gas erst 3–4, dann 1–2, Umluft erst 10 Minuten bei 200 Grad, dann 5 Minuten bei 140 Grad).

6. Den Schmarren aus dem Backofen nehmen und mit einem Pfannenwender in vier Teile teilen. Die Teile vorsichtig umdrehen und dann mit zwei Pfannenwendern auseinanderschieben. An einer freien Stelle die restliche Butter in die Pfanne geben, mit dem verbleibenden Zucker bestreuen. Den Zucker leicht karamelisieren lassen und unter den Schmarren laufen lassen. Sofort servieren.

Zubereitungszeit: 45 Minuten
Pro Portion (bei 6 Portionen) 6 g E, 12 g F, 23 g KH = 680 kcal (2848 kJ)

DESSERTS

Gefüllte Birnen mit Mandelsabayon

Für 4 Portionen:

Creme

**350 ml Milch
40 g Mandelblätter (gebräunt)
2 Eigelb
70 g Zucker
2 Blatt Gelatine
20 ml Mandellikör (Amaretto)
1 Eiweiß
1/8 l geschlagene Sahne**

Birnen

**4 mittelgroße Birnen (à 200 g)
0,7 l Weißwein
1/8 l Granatapfelsirup (Grenadine)
Saft und Schale von 1 Zitrone
1/2 Zimtstange
2 Gewürznelken
150 g Zucker**

Sabayon

**3 Eigelb
50 g Zucker
20 ml Mandellikör
4 kleine Minzesträußchen**

1. Milch und Mandeln aufkochen, vom Herd nehmen, 2 Stunden ziehen lassen und durch ein feines Sieb gießen. 100 ml Mandelmilch abnehmen und für den Sabayon beiseite stellen.

2. Für die Creme Eigelb und 60 g Zucker mit der restlichen Mandelmilch im heißen Wasserbad cremig-schaumig aufschlagen. Gelatine in kaltem Wasser einweichen, gut ausdrücken und unterrühren. Mit Mandellikör würzen. Die Creme auf Eiswürfeln ganz kurz kalt schlagen und etwas gelieren lassen.

3. Die Creme glattrühren. Das Eiweiß mit dem restlichen Zucker steif schlagen. Die geschlagene Sahne unter die Creme rühren. Das Eiweiß unterheben. Die Mandelcreme in eine Schüssel füllen, mit Klarsichtfolie zudecken und 2 Stunden in den Kühlschrank stellen.

4. Inzwischen die Birnen mit einem Kugelausstecher von der Blütenseite her vorsichtig ausstechen, die Kerngehäuse dabei entfernen. Weißwein, Granatapfelsirup, Zitronensaft und -schale, Zimt, Nelken und Zucker aufkochen, die Birnen darin bei milder Hitze in 15–20 Minuten gar ziehen lassen. Die Birnen aus dem Sud nehmen und auf Küchenpapier abtropfen lassen.

5. Die Mandelcreme in einen Spritzbeutel mit mittelgroßer Lochtülle füllen und die Birnen damit füllen. Die Birnen mit der offenen Seite nach unten auf Desserttellern anrichten.

6. Für den Mandelsabayon Eigelb, Zucker und die beiseite gestellte Mandelmilch in einem heißen Wasserbad cremig-schaumig aufschlagen. Zum Schluß mit dem Mandellikör würzen.

7. Den Mandelsabayon zu den gefüllten Birnen reichen und mit Minzesträußchen dekorieren.

Zubereitungszeit: 1 Stunde, 30 Minuten (plus Kühlzeit)
Pro Portion 13 g E, 28 g F, 66 g KH = 583 kcal (2443 kJ)

DESSERTS

Quark-Schaum-omelett mit Aprikosenkompott

Für 8 Portionen:

Teig
4 Eier (Kl. M)
120 g Zucker
Mark aus 1 Vanilleschote
50 g Speisestärke
abgeriebene Schale von
je 1 Orange und Zitrone
(unbehandelt)
500 g Quark
(ausgedrückt)
200 g Schmand (24 %)
50 g Mehl
30 g Butter
Puderzucker zum
Bestreuen

Kompott
200 g getrocknete
Aprikosen (ohne Stein)
40 ml Aprikosengeist
1 El Honig
50 g Zucker
200 ml Orangensaft
(frisch gepreßt)
Schale von 1 Orange
(unbehandelt,
in Juliennestreifen)

Himbeermark
250 g TK-Himbeeren
60 g Puderzucker
(gesiebt)

1. Die Eier trennen. Eiweiß mit 50 g Zucker steifschlagen. Eigelb mit dem restlichen Zucker schaumig rühren. Vanillemark, Speisestärke, Orangen- und Zitronenschale unterrühren. Den Quark unterrühren. Den Schmand und Hälfte des Mehls unterrühren. Die Hälfte des Eiweiß unterheben. Das restliche Mehl daraufstreuen. Das restliche Eiweiß unterheben.

2. Nur so viel Butter bei milder Hitze in zwei Pfannen schmelzen, daß der Boden eben bedeckt ist. Den Teig auf beide Pfannen verteilen und glattstreichen.

3. Die Omeletts im vorgeheizten Backofen auf der 2. Einschubleiste von unten 30–35 Minuten bei 170 Grad backen (Gas 2, Umluft 30–35 bei 150 Grad).

4. Inzwischen die Aprikosen in Aprikosengeist einlegen. Den Honig mit dem Zucker in einem Topf leicht schmelzen. Den Orangensaft zugießen. Die Orangenschalenstreifen zugeben. Den Sud in 3–4 Minuten sirupartig einkochen lassen. Die Aprikosen mit der Marinade zugeben und bei milder Hitze 5 Minuten garen.

5. Die aufgetauten Himbeeren durch ein Sieb streichen, mit dem Puderzucker verrühren.

6. Die Omeletts aus dem Ofen nehmen. Das Aprikosenkompott auf jeweils eine Hälfte der Omeletts geben, die andere Hälfte darüberklappen. Auf eine Servierplatte gleiten lassen, mit Puderzucker bestreuen und mit Himbeermark servieren.

Zubereitungszeit: 1 Stunde
Pro Portion 15 g E, 12 g F, 63 g KH=
442 kcal (1854 kJ)

DESSERTS

Apfelauflauf mit Zimt-Crème-fraîche

Für 4 Portionen:
50 g Kastenweißbrot
90 g Butter
90 g Zucker
4 Eiweiß
Salz
Butter und Zucker für die Auflaufförmchen (8 cm Ø)
2 Äpfel (à 150 g, z. B. Boskop)
3 Eigelb
80 ml Apfelgelee
20 ml Calvados
150 g Crème fraîche
5 El Apfelmus
1/2 Tl Zimtpulver

1. Das Weißbrot fein würfeln, in einer Pfanne mit 20 g Butter und 20 g Zucker goldbraun rösten und abkühlen lassen. Das Eiweiß mit 50 g Zucker und 1 Prise Salz steif schlagen. 4 Auflaufförmchen mit etwas Butter ausstreichen und mit etwas Zucker ausstreuen.

2. Die Äpfel waschen. 1 Apfel mit Schale auf der Haushaltsreibe grob in ein Tuch raspeln und auspressen. Den Saft auffangen und wie Apfelsaft verwenden.

3. Restliche Butter und restlichen Zucker in einer Rührschüssel mit den Knethaken schaumig rühren. Nach und nach das Eigelb unterarbeiten. Die trockenen Apfelraspel in den Teig rühren. Die Brotwürfel unterrühren. Den Eischnee nach und nach unterheben.

4. Vom restlichen Apfel 4 dünne Scheiben abschneiden und in die Förmchen legen. Die Förmchen mit dem Teig füllen. Eine große Form 2 cm hoch mit Wasser füllen, im vorgeheizten Backofen auf der 2. Einschubleiste von unten bei 200 Grad erhitzen. Die Förmchen hineinstellen. Die Aufläufe im Wasserbad 30–35 Minuten bei 200 Grad garen (Gas 3, Umluft nicht empfehlenswert).

5. Das Apfelgelee im Topf erwärmen, glattrühren und mit Calvados würzen. Die Crème fraîche mit Apfelmus verrühren und mit Zimt würzen.

6. Die Förmchen aus dem Wasserbad nehmen. Jeden Auflauf vorsichtig erst auf die Hand stürzen, dann mit der Apfelscheibe nach unten auf Dessertteller setzen. Jeden Auflauf mit dem Apfelgelee beträufeln. Die Zimt–Crème–fraîche rundherum angießen.

Zubereitungszeit: 1 Stunde
Pro Portion 9 g E, 38 g F, 56 g KH = 624 kcal (2610 kJ)

DESSERTS

Gestürzte Orangencreme

Für 6-8 Portionen:
4 Blutorangen
5 Blatt Gelatine
60 g Puderzucker
3 Eigelb (Kl. M)
100 ml Orangensaft
(frisch gepreßt)
80 g Zucker
4 El Orangenlikör
3 Eiweiß (Kl. M)
300 ml geschlagene
Sahne
frische Minze zum
Garnieren

1. Die Blutorangen schälen und die Filets über einer Schüssel einzeln herauslösen, dabei den Saft auffangen. Die Gelatine in kaltem Wasser einweichen.

2. Puderzucker, Eigelb und Orangensaft im heißen Wasserbad in etwa 4–5 Minuten cremig-schaumig aufschlagen. Die Gelatine ausdrücken und in der heißen Flüssigkeit auflösen. Die Creme kurz kalt schlagen, auf Eiswürfeln (oder im Kühlschrank) leicht gelieren lassen.

3. Inzwischen 30 g Zucker im Topf mit 1/4 l des aufgefangenen Blutorangensaftes aufkochen und auflösen. Die Filets hineinlegen, erwärmen und mit 2 El Orangenlikör würzen.

4. Die Creme glatt rühren und mit dem restlichen Orangenlikör würzen. Das Eiweiß mit dem restlichen Zucker steif schlagen. Die geschlagene Sahne und den Eischnee unterheben.

5. Eine Gugelhupfform (1 l Inhalt) mit kaltem Wasser ausspülen. Die Creme einfüllen, mit Klarsichtfolie zudecken und im Kühlschrank 5–6 Stunden durchkühlen lassen.

6. Die Form kurz in heißes Wasser stellen, den Rand mit einem spitzen Messer lösen. Creme auf eine Platte stürzen. Das Orangenkompott auf die Creme geben, mit Minze garnieren.

Zubereitungszeit: 1 Stunde (plus Kühlzeit)
Pro Portion (bei 8 Portionen) 6 g E, 14 g F, 37 g KH = 313 kcal (1311 kJ)

DESSERTS

Marillenknödel

Für 4 Portionen:
Knödel

800 g Kartoffeln
(mehligkochend)
Salz
100 g Mehl
15 g Butter
(zimmerwarm)
50 g Grieß
2 Eigelb (Kl. M)
8 kleine, reife Aprikosen
100 g Marzipanrohmasse
Mehl zum Arbeiten

Bröselschmelze

80 g Butter
abgeriebene Schale von
je 1/2 Orange und Zitrone
(unbehandelt)
1 Tl Vanillezucker
50 g Zucker
100 g Semmelbrösel

1. Die Kartoffeln als Pellkartoffeln in Salzwasser garen, abgießen und im vorgeheizten Backofen auf der 2. Einschubleiste von unten 5 Minuten bei 180 Grad ausdämpfen lassen (Gas 2–3, Umluft 5 Minuten bei 160 Grad).

2. Die Kartoffeln pellen und warm durch die Kartoffelpresse drücken. Das Mehl darüber streuen. Die Butter zugeben und mit Grieß bestreuen. Das Eigelb zugeben und salzen. Alle Zutaten vorsichtig zu einem lockeren Teig zusammenrühren.

3. Mit einem Holzlöffelstiel die Kerne vorsichtig aus den Aprikosen drücken. Aus dem Marzipan kleine Würstchen formen und in die Öffnung der Aprikosen stecken.

4. Die Arbeitsfläche mit Mehl bestäuben. Den Kartoffelteig darauf vorsichtig 5 mm dünn ausrollen. Mit einem Teigrädchen 8 Quadrate ausschneiden. Eine gefüllte Aprikose in die Mitte jedes Quadrates setzen. Erst die vier Teigspitzen über der Aprikose zusammenziehen, dann mit bemehlten Händen vorsichtig runde Bälle formen und die Nahtstellen dabei gut zusammendrücken. Evtl. überstehenden Teig abknipsen.

5. Salzwasser in einem breiten Topf aufkochen. Die Knödel hineingeben und bei milder Hitze in 12–15 Minuten langsam darin gar ziehen lassen.

6. Inzwischen für die Bröselschmelze die Butter in einer Pfanne erhitzen und mit Orangen- und Zitronenschale würzen. Vanillezucker und Zucker unterrühren. Die Semmelbrösel darin verteilen und unter Rühren anrösten.

7. Die Knödel mit der Schaumkelle aus dem Wasser heben, sehr gut abtropfen lassen und dann in der Bröselschmelze wälzen. Sofort servieren.

Dazu paßt eine geeiste Vanillesauce.

Zubereitungszeit: 1 Stunde, 10 Minuten
Pro Portion 16 g E, 34 g F, 105 g KH = 794 kcal (3325 kJ)

Geeiste Vanillesauce

Für 4 Portionen eine Vanillesauce nach Packungsanweisung kochen und kalt werden lassen. Die Sauce mit 2 Kugeln Vanilleeis in einen hohen Becher geben und mit dem Schneidstab pürieren. Die Sauce zu den Marillenknödeln reichen.

Lafers Tip:

Bei mir zu Hause gab's freitags immer Marillenknödel. Damals ging es darum, wer die meisten schaffte. Heute geht es mir mehr um den Geschmack. Wenn Sie keine frischen Aprikosen bekommen, können Sie auch getrocknete nehmen. Die werden kleingewürfelt und dann mit Marzipanrohmasse und Puderzucker zu kleinen Kugeln geformt. Die geben Sie dann als Füllung in die Knödel.

DESSERTS

Pralinen-Eisparfait

Für 12 Portionen:

Parfait

130 ml Milch
4 Eigelb (Kl. M)
80 g Zucker
abgeriebene Schale von
1/2 Orange (unbehandelt)
100 g Halbbitter-
Kuvertüre
100 g helle Nougatmasse
360 ml Schlagsahne

Glasur

140 g Halbbitter-
Kuvertüre
100 ml Öl
30 g Mandelblättchen
(in einer Pfanne
ohne Fett gebräunt)

1. Milch, Eigelb und Zucker mit Orangenschale im Wasserbad mit dem Schneebesen bei milder Hitze in etwa 5 Minuten cremig–schaumig aufschlagen.

2. Inzwischen Kuvertüre und Nougat zusammen im Wasserbad schmelzen lassen.

3. Die aufgelöste Nougat-Kuvertüre unter die Parfaitmasse rühren. Die Parfaitmasse auf Eiswürfel stellen und darauf kurz kalt schlagen.

4. Die Schlagsahne halbsteif schlagen und unter die Parfaitmasse rühren.

5. Eine Rehrückenform großzügig mit Klarsichtfolie auslegen. Die Parfaitmasse einfüllen. Die Folie darüber zusammenklappen. Das Parfait im Gefriergerät 4–5 Stunden frieren lassen.

6. Für die Glasur die Halbbitter-Kuvertüre im heißen Wasserbad auflösen und etwas abkühlen lassen. Das Öl unterrühren. Die Flüssigkeit muß ziemlich dünn sein.

7. Eine Saftpfanne mit Klarsichtfolie auslegen. Ein Kuchengitter darauf setzen. Die Rehrückenform mit der offenen Seite nach unten darauf setzen. Um das Parfait von der Form zu lösen, die Form mit einem heißen feuchten Tuch fest abwischen. Den Vorgang evtl. noch einmal wiederholen. Das Parfait mit Hilfe der Folie aus der Form ziehen.

8. Das Parfait mit der Glasur übergießen und gleich mit den Mandelblättchen bestreuen. Die Glasur zieht sofort fest an, das Parfait kann gleich serviert werden. Ein Messer ins heiße Wasser tauchen, das Parfait damit in Scheiben schneiden.

Zubereitungszeit: 30 Minuten
(plus Kühlzeit)
Pro Portion 7 g E, 25 g F, 26 g KH =
357 kcal (1497 kJ)

Lafers Tip:

Die Kuvertüre auf der Klarsichtfolie wird fest, kann dann abgenommen und wiederverwendet werden. Sie lösen sie dann einfach wieder im Wasserbad auf.

BACKEN Frisch aus dem Backofen: Tarte und Stol

...en, Savarin und Küchlein

Aprikosentarte

Für 4–6 Portionen:
200 g TK-Blätterteig
Butter zum Ausfetten
50 g Marzipanrohmasse (leicht gekühlt)
500 g Aprikosen
80 g Butter
50 g Zucker
100 g Semmelbrösel
abgeriebene Schale von 1 Orange (unbehandelt)
Zimtpulver
100 g Aprikosenkonfitüre
Puderzucker zum Bestreuen

1. Den Blätterteig zum Auftauen nebeneinander ausbreiten. Den aufgetauten Teig wieder aufeinanderlegen und dünn ausrollen. Eine Tarteform (28 cm Ø) mit Butter einfetten, mit dem Teig auslegen. Dann die überstehenden Teigränder abschneiden. Den Teig in der Form mit einer Gabel mehrmals einstechen, damit er beim Backen gleichmäßig und nicht zu hoch aufgeht. Die Marzipanrohmasse auf der groben Seite der Haushaltsreibe über den Teig raspeln.

2. Die Aprikosen waschen, halbieren und dabei entsteinen.

3. Die Butter mit dem Zucker in einer heißen Pfanne schmelzen, die Brösel darin anrösten, mit Orangenschale und Zimt würzen. Die Brösel auf die Tarte streuen und gleichmäßig verteilen. Die Tarte zum Schluß mit den Aprikosen (runde Seite nach oben) auslegen.

4. Die Tarte im vorgeheizten Backofen 20–25 Minuten bei 230 Grad backen (Gas 3–4, Umluft 20–25 Minuten bei 230 Grad).

5. Inzwischen die Aprikosenkonfitüre im Topf aufkochen. Die gebackene Tarte damit bepinseln (aprikotieren) und vor dem Servieren mit Puderzucker bestreuen. Zur Aprikosentarte einen Marzipansabayon servieren.

Zubereitungszeit: 1 Stunde
Pro Portion (bei 6 Portionen) 5 g E, 24 g F, 57 g KH = 466 kcal (1952 kJ)

Marzipansabayon

Für 4–6 Portionen:
400 ml Milch
80 g Marzipanrohmasse
5–6 Eigelb (Kl. M)
40 g Zucker
1 El Amaretto (Mandellikör)

1. Die Milch mit der Marzipanrohmasse einmal aufkochen, dann abkühlen lassen.

2. Eigelb, Zucker und Marzipanmilch im heißen Wasserbad schaumig-cremig aufschlagen, aus dem Wasserbad nehmen, noch etwas weiterschlagen, dann mit dem Amaretto würzen und zur Aprikosentarte servieren.

Zubereitungszeit: 30 Minuten
Pro Portion (bei 6 Portionen) 7 g E, 14 g F, 15 g KH = 216 kcal (904 kJ)

BACKEN

Vanilletörtchen mit Nektarinenkompott

Für 4 Portionen:
Törtchen

50 g Butter (zimmerwarm)
50 g Zucker
6 Eigelb (Kl. M)
150 g Marzipanrohmasse (gekühlt)
Mark von 1 Vanilleschote
4 Eiweiß (Kl. M)
100 g Zucker
Salz
50 g Zitronatwürfel
50 g Mandeln (gehackt)
80 g Halbbitter-Kuvertüre (gerieben)
110 g Mehl
Butter und Mehl für die Förmchen

Kompott

4 Nektarinen
100 g Zucker
1/4 l Sekt
abgeriebene Schale und Saft von 1/2 Orange (unbehandelt)
abgeriebene Schale und Saft von 1/2 Zitrone (unbehandelt)
Mark von 1/2 Vanilleschote
10 g Speisestärke
20 ml Granatapfelsirup (Grenadine)
20 ml Honiglikör
4 kleine Minzesträußchen

1. Butter und Zucker mit den Quirlen des Handrührers schaumig schlagen. Dabei das Eigelb nach und nach unterrühren. Die Marzipanrohmasse auf der Haushaltsreibe hineinreiben. Das Vanillemark unterrühren.

2. Das Eiweiß mit Zucker und 1 Prise Salz sehr steif schlagen. Zitronat, Mandeln, Kuvertüre und Mehl verrühren. Die Hälfte davon mit dem Handrührer unter die Eimasse rühren. Die Hälfte vom Eischnee mit dem Spatel unterheben. Jetzt erst den restlichen Eischnee und die restliche Mehlmasse mit dem Spatel unterrühren.

3. 4 Souffléförmchen (8 cm Ø) mit Butter einfetten und mit Mehl ausstreuen. Die Vanillecreme bis zum Rand hineinfüllen.

4. Die Förmchen in eine flache ofenfeste Auflaufform stellen. Die Form mit Wasser füllen und im vorgeheizten Backofen auf die 2. Einschubleiste von unten setzen. Die Creme im Wasserbad 20–25 Minuten bei 160 Grad garen (Gas 1–2, Umluft etwa 20 Minuten bei 160 Grad).

5. Die Nektarinen waschen, in Spalten vom Stein schneiden und in einer Schüssel mit 40 g Zucker bestreuen. Den restlichen Zucker in einer heißen Pfanne goldbraun schmelzen und mit Sekt ablöschen. Mit Orangen- und Zitronenschale würzen. Mit Orangen- und Zitronensaft auffüllen. Das Vanillemark unterrühren. Den Sud etwas einkochen lassen. Die Speisestärke mit wenig kaltem Wasser verrühren, den Sud damit binden. Die Nektarinenspalten hineingeben und 10 Minuten darin ziehen lassen.

6. Das Nektarinenkompott abkühlen lassen, bis es lauwarm ist, mit Grenadinesirup verrühren und mit Honiglikör würzen.

7. Die Förmchen aus dem Wasserbad nehmen, die Törtchen vorsichtig aus der Form lösen, auf Dessertteller setzen, das Nektarinenkompott daneben anrichten, mit Minzesträußchen garnieren und servieren.

Zubereitungszeit: 1 Stunde
Pro Portion 23 g E, 47 g F, 146 g KH = 1151 kcal (4821 kJ)

BACKEN

Spritzkuchen

Für 8 Stück:
1/8 l Milch
10 g Zucker
50 g Butter
Salz
120 g Mehl
3 Eier
2–3 l Öl zum Fritieren
Puderzucker zum Bestäuben

1. Milch in einem großen flachen Topf aufkochen. Den Zucker und die Butter mit dem Schneebesen hineinrühren und mit 1 Prise Salz würzen. Das Mehl hineinsieben und mit dem Kochlöffel unterrühren. Den Teig so lange rühren, bis er sich als Kloß vom Topfboden löst und sich am Boden ein weißer Belag bildet.

2. Den Teig in eine Küchenmaschine geben und verrühren. Die Eier nacheinander dazugeben. Jedes Ei muß völlig vom Teig aufgenommen sein, bevor das nächste dazukommt. Der Teig muß zum Schluß glatt sein.

3. Das Fritierfett in einem großen Topf erhitzen. Den Teig in einen Spritzbeutel mit Sterntülle Nr. 8 geben. Ein Stück Pergamentpapier auf die Arbeitsfläche legen. Mit dem Spritzbeutel Teigringe daraufsetzen (nicht zu dicht aneinander). Das Papier quadratisch um die Kringel ausschneiden. Die Teigkringel kopfüber mit dem Papier ins Fett geben und das Papier mit einer Küchenzange abheben. Die Kringel schwimmend goldbraun ausbacken, dabei wenden.

4. Die Spritzkuchen mit der Schaumkelle auf ein Gitter setzen und mit Puderzucker bestreuen.

Dazu paßt Zwetschgenkompott.

Zubereitungszeit: 50 Minuten
Pro Stück 5 g E, 28 g F, 18 g KH = 343 kcal (1437 kJ)

BACKEN

Savarin mit Traubenkompott

Für 4–6 Portionen:

Savarin
1/8 l lauwarme Milch
250 g Mehl
20 g Hefe
20 g Zucker
1 Tl abgeriebene
Zitronenschale
(unbehandelt)
1 Pk. Vanillezucker
3 Eier
100 g Butter
(zimmerwarm)
Salz
Butter und Semmelbrösel für die Form
30 g Mandelblättchen

Tränkflüssigkeit
300 ml Gewürztraminer
100 g Zucker
1/2 Zimtstange
Mark von
1/2 Vanillestange
Saft und abgeriebene
Schale von je
1 Orange und Zitrone
(unbehandelt)

Kompott
je 250 g grüne
und blaue Trauben
200 ml Gewürztraminer
50 g Zucker
200 ml weißer
Traubensaft
Saft von 1/2 Zitrone
Mark von
1/2 Vanilleschote
10 g Speisestärke

1. Milch, 50 g Mehl, zerbröckelte Hefe und Zucker verrühren und zugedeckt an einem warmen Platz 20 Minuten gehen lassen.

2. Das restliche Mehl in die Rührschüssel der Küchenmaschine sieben. Den Vorteig darauf geben, mit Zitronenschale und Vanillezucker würzen. Die Eier zugeben. Alle Zutaten mit dem Knethaken zu einem flüssigen Teig verkneten. Jetzt die Butter unterrühren und mit 1 Prise Salz würzen. Die Schüssel mit Klarsichtfolie zudecken. Den Teig an einem warmen Platz wieder ungefähr 20 Minuten gehen lassen, bis er sein Volumen verdoppelt hat.

3. Eine Frankfurter Kranzform (26 cm Ø) mit Butter auspinseln und mit Semmelbröseln ausstreuen. Die Mandelblättchen hineingeben. Den Hefeteig einfüllen und gleichmäßig verteilen. Die Form mit Klarsichtfolie zudecken. Den Teig noch einmal 20 Minuten an einem warmen Platz gehen lassen.

4. Inzwischen alle Zutaten für die Tränkflüssigkeit aufkochen und in 5 Minuten etwas einkochen lassen. Die Tränkflüssigkeit durch ein Sieb in einen Topf gießen und abkühlen lassen, bis sie lauwarm ist.

5. Den Savarin im vorgeheizten Backofen auf der 2. Einschubleiste von unten 25–30 Minuten bei 175 Grad backen (Gas 2, Umluft 25 Minuten bei 160 Grad).

6. Den Savarin mit einem Messer vorsichtig aus der Form lösen und auf ein Kuchengitter stürzen. Das Kuchengitter auf die Saftpfanne stellen. Den heißen Savarin mit der lauwarmen Tränkflüssigkeit übergießen. Den Savarin auch mit der Flüssigkeit aus der Saftpfanne so lange tränken, bis sie aufgebraucht ist.

7. Für das Kompott die Trauben waschen, halbieren und entkernen. Den Gewürztraminer in einem Topf mit Zucker, Trauben- und Zitronensaft und Vanillemark aufkochen und etwas einkochen lassen.

8. Die Speisestärke mit etwas kaltem Wasser verrühren, den Weinsud damit binden. Die Trauben hineingeben, gut verrühren und nicht mehr kochen, sondern abseits vom Herd nur noch ziehenlassen.

9. Den Savarin in dicke Stücke schneiden, mit dem Traubenkompott anrichten und servieren.

Zubereitungszeit: 2 Stunden
Pro Portion (bei 6 Portionen) 11 g E, 23 g F, 84 g KH = 624 kcal (2613 kJ)

BACKEN

Apfel-Puddingtorte

Für 8 Stücke:
Mürbeteig
**100 g Butter
(zimmerwarm)
50 g Puderzucker
(gesiebt)
1 Eigelb (Kl. M)
Salz
150 g Mehl
Mehl zum Bearbeiten
Butter für die Form
getrocknete Erbsen zum
Blindbacken
2 El Apfelgelee
2 El geriebene Mandeln
(ohne Fett geröstet)**

Pudding
**170 ml Milch
40 g Vanille-
pudding-Pulver
250 ml Schlagsahne
60 g Zucker
Mark aus
2 Vanilleschoten
3 Eigelb (Kl. M)
1 Eiweiß
2 El Speisestärke**

Äpfel
**2 kleine Äpfel (à 150 g)
100 g Zucker
400 ml Johannisbeersaft**

1. Die Butter mit dem Puderzucker, Eigelb und 1 Prise Salz leicht verrühren. Das Mehl daraufsieben. Alle Zutaten rasch zu einem glatten Teig verarbeiten, in Klarsichtfolie wickeln und mindestens 1 Stunde in den Kühlschrank legen.

2. Mürbeteig auf der bemehlten Arbeitsfläche 3 mm dünn und 6 cm größer als die Springform (18 cm Ø) ausrollen. Die Form ausbuttern und mit Mehl bestäuben. Den Teig hineinlegen und am Rand bis zu 3/4 der Höhe hochziehen und andrücken. Den Teigboden mit einer Gabel mehrmals einstechen. Backpapier darauflegen und die Erbsen daraufgeben. Den Teig im vorgeheizten Backofen auf der 2. Einschubleiste von unten 15–20 Minuten bei 180 Grad „blindbacken" (Gas 2–3, Umluft 15 Minuten bei 170 Grad). Die Form aus dem Ofen nehmen, den Teig etwas abkühlen lassen. Das Backpapier mit den Erbsen abnehmen.

3. Das Apfelgelee erhitzen, den Teigboden damit bestreichen und fest werden lassen. Den Teig dick mit den Mandeln bestreuen.

4. Für den Pudding wenig kalte Milch mit dem Puddingpulver glattrühren. Die restliche Milch und die Sahne unterrühren. Mit 40 g Zucker und Vanillemark würzen. Den Pudding unter ständigem Rühren mit einem Schneebesen nach Packungsanweisung zubereiten. Das Eigelb unterrühren. Den Pudding abkühlen lassen. Eiweiß mit restlichem Zucker und 1 Prise Salz steif schlagen und abwechselnd mit der Speisestärke unter die Puddingmasse heben.

5. Die Äpfel schälen, halbieren und entkernen. Zucker im Topf zu hellem Karamel schmelzen lassen und mit Johannisbeersaft ablöschen. Die Äpfel hineingeben und 5 Minuten darin leise kochen, vom Herd nehmen und in der Flüssigkeit abkühlen lassen.

6. Die abgetropften Apfelhälften auf den vorbereiteten Mürbeteig setzen. Den Pudding auf die Äpfel gießen.

7. Den Kuchen im vorgeheizten Backofen auf der 2. Einschubleiste von unten 30–40 Minuten bei 200 Grad backen (Gas 3, Umluft 30 Minuten bei 180 Grad).

8. Den Kuchen nach dem Backen vor dem Anschneiden mindestens 4 Stunden abkühlen lassen.

Zubereitungszeit: 1 Stunde, 30 Minuten (plus Kühlzeiten)
Pro Stück 7 g E, 27 g F, 58 g KH = 509 kcal (2130 kJ)

BACKEN

Schokoladen-Birnentarte

Für 4 Stück:
2 mittelgroße Birnen
(à 220 g)
Saft von 1 Zitrone
30 g Halbbitter-
Kuvertüre
4 Eiweiß (Kl. M)
150 g Zucker
2 Eigelb (Kl. M)
50 g Marzipanrohmasse
10 g Kakaopulver
Butter für das Blech
30 g zartbittere
Schokolade (gehackt)
40 g kalte Butter
(gewürfelt)
4 Kugeln Vanilleeis
(fertig gekauft)

1. Die Birnen schälen, vierteln, entkernen, in Spalten schneiden und in Zitronenwasser legen.

2. Für den Boden die Kuvertüre zerbröckeln und bei milder Hitze schmelzen lassen. Das Eiweiß mit 50 g Zucker steif schlagen. Eigelb mit Marzipan glattrühren, die Kuvertüre unterrühren. Die Hälfte vom Eischnee dazugeben und mit Kakaopulver besieben. Alles miteinander verrühren. Den restlichen Eischnee mit dem Gummispatel unterrühren.

3. Ein Blech mit Butter einfetten und mit Backpapier auslegen. Die Masse daraufgeben, mit der Palette glattstreichen. Im vorgeheizten Backofen auf der 2. Einschubleiste von unten 10–15 Minuten bei 180 Grad bakken (Gas 2–3, Umluft 10–12 Minuten bei 170 Grad).

4. Den restlichen Zucker mit 3 El Wasser und Schokolade etwas einkochen lassen. Mit kalter Butter binden.

5. 4 feuerfeste Torteförmchen (12 cm Ø) nicht zu sparsam mit etwas Schokoladensauce ausgießen. Die Birnen abtropfen lassen und hineinlegen. Die Förmchen auf den Herd stellen, die Schokoladensauce in 1–2 Minuten etwas einkochen lassen.

6. Den Schokoladenboden aus dem Ofen nehmen, mit dem Papier vom Blech heben, umgedreht aufs Blech legen, das Papier abziehen. Aus dem Teig mit einem Ausstecher (12 cm Ø) 4 Kreise ausstechen. Die Böden auf die Birnen legen und fest aufdrücken.

7. Die Förmchen auf ein Backblech setzen. Die Tartes im Backofen auf der 2. Einschubleiste von unten 10 Minuten bei 180 Grad backen (Gas 2–3, Umluft etwa 10 Minuten bei 170 Grad).

8. Die Tartes aus dem Ofen nehmen und anrichten: Einen Dessertteller auf die Form legen, mit der Form vorsichtig (heiß!) umdrehen und die Tarte auf den Teller stürzen. Auf jede Tarte eine Kugel Vanilleeis geben und sofort servieren.

Zubereitungszeit: 1 Stunde
Pro Stück 9 g E, 28 g F, 40 g KH = 442 kcal (1848 kJ)

BACKEN

Lafers Panettone

Für 6 Stück:
40 ml Milch
20 g Mandelblättchen (geröstet)
200 g Mehl (gesiebt)
20 g frische Hefe (etwa 1/2 Würfel, zerbröckelt)
4 Eigelb (Kl. M)
1 Ei (Kl. M)
Mark aus 1 Vanilleschote
30 g Zucker
70 g Butter (zimmerwarm, in Stücken)
Salz
40 g Rosinen
20 ml Rum
20 g Zitronat (fein gewürfelt)
20 g Orangeat (fein gewürfelt)
3–4 Tropfen Bittermandelöl
Butter und Mehl für die Förmchen

1. Milch und Mandeln kurz aufkochen und abkühlen lassen.

2. Das Mehl in eine Schüssel geben. Die Hefe darauf geben und die Mandelmilch durch ein Sieb dazugießen. 3 Eigelb und das ganze Ei zugeben. Mit Vanillemark und Zucker würzen. Aus den Zutaten mit den Knethaken des Handrührers einen glatten Teig kneten. Jetzt die weiche Butter unterkneten und mit 1 Prise Salz würzen. Den Hefeteig mit Klarsichtfolie zudecken und an einem warmen Platz in 25 Minuten locker aufgehen lassen, bis er sein Volumen ungefähr verdoppelt hat. Die Rosinen in Rum einweichen.

3. Zitronat, Orangeat, eingeweichte Rosinen und Bittermandelöl zugeben, alles mit dem Holzlöffel unterrühren. Den lockeren Teig mit Klarsichtfolie zudecken und kurz in den Kühlschrank stellen, damit die Butter fest wird und der Teig sich besser weiterverarbeiten läßt.

4. Sechs Auflaufförmchen (à 125 ml Inhalt) mit Butter einfetten und mit Mehl bestäuben. Die Formen auf ein Backblech stellen.

5. Den Teig auf der bemehlten Arbeitsfläche zusammenkneten, eine Rolle daraus formen und in 6 gleichmäßig große Stücke schneiden. Aus den Stücken mit bemehlten Händen Kugeln rollen.

6. Die Kugeln in die Förmchen setzen. Die Förmchen mit Klarsichtfolie zudecken. Den Teig noch einmal 30 Minuten gehen lassen, bis er über die Förmchen aufgegangen ist.

7. Das restliche Eigelb mit wenig Wasser verquirlen. Den Teig damit bestreichen. Die Kugeln oben mit einer Küchenschere über Kreuz einschneiden.

8. Die Panettone im vorgeheizten Backofen auf der 2. Einschubleiste von unten 30 Minuten bei 180 Grad backen (Gas 2–3, Umluft etwa 20 Minuten bei 170 Grad). Die Panettone mit einem spitzen Messer vom Rand der Förmchen lösen, herausnehmen und mit einer Fruchtsauce oder einer kalten Vanillesauce servieren.

Zubereitungszeit: 1 Stunde
(plus Zeit zum Gehen)
Pro Stück 9 g E, 20 g F, 40 g KH = 382 kcal (1602 kJ)

BACKEN

128

Gefüllte Windbeutel und Eclairs mit gestreifter Schokoladenmousse

Für 6 Windbeutel und 6 Eclairs:

Weiße Mousse

65 g weiße Kuvertüre
150 ml Schlagsahne
1 Blatt Gelatine
1 Eigelb (Kl. M)
abgeriebene Schale von 1/2 Orange (unbehandelt)

Braune Mousse

60 g Halbbitter-Kuvertüre
150 ml Schlagsahne
1 Eigelb (Kl. M)
1 Tl Espressopulver
10 ml Rum

Brandteig

150 ml Milch
50 g Butter
Salz
80 g Mehl
2 Eier (Kl. M)
Öl für das Backblech

1. Für die weiße Mousse die weiße Kuvertüre mit einem schweren Messer hacken und im heißen Wasserbad auflösen. Die Sahne halbsteif schlagen. Die Gelatine in kaltem Wasser einweichen. Eigelb und 1 El Wasser im heißen Wasserbad schaumig aufschlagen. Die Gelatine abgetropft darin auflösen. Mit Orangenschale würzen. Die aufgeschlagene Masse unter die aufgelöste Kuvertüre rühren. Die halbsteife Sahne unterrühren. Die Creme in eine Schüssel umfüllen, mit Klarsichtfolie zudecken und kühl stellen.

2. Für die braune Mousse die Halbbitter-Kuvertüre zerbröckeln und im heißen Wasserbad auflösen. Die Sahne halbsteif schlagen. Eigelb und 1 El Wasser im heißen Wasserbad schaumig aufschlagen, unter die aufgelöste Kuvertüre rühren. Mit Espressopulver und Rum würzen, alles glatt rühren. Die Masse muß glänzen. Die Sahne unterrühren. Die Creme in eine Schüssel umfüllen, mit Klarsichtfolie zudecken und kühl stellen.

3. Für den Brandteig die Milch und die Butter mit 1 Prise Salz aufkochen. Das Mehl nach und nach schnell unterrühren. Am Topfboden muß sich ein weißer Film bilden und der Teig muß sich als Kloß lösen. Den Teig vom Herd nehmen. Ein Ei unterrühren, das zweite Ei erst zugeben, wenn das erste völlig vom Teig aufgenommen ist.

4. Den Brandteig in einen Spritzbeutel mit Sterntülle Nr. 8 füllen. Ein Backblech mit Öl einfetten, Backpapier darauflegen und festdrücken. Den Brandteig für die Windbeutel in runden Häufchen aufspritzen, die Spitzen mit einem Ei flachdrücken, damit sie beim Backen nicht verbrennen. Für die Eclairs 5 cm lange Streifen auf das Papier spritzen. Immer genügend Platz zwischen dem Teig lassen, weil er beim Backen aufgeht.

5. Eine Tasse mit kaltem Wasser in den vorgeheizten Backofen stellen. Windbeutel und Eclairs auf der 2. Einschubleiste von unten in 30 Minuten bei 180 Grad goldbraun backen (Gas 2–3, Umluft 20 Minuten bei 180 Grad). Das Gebäck etwas abkühlen lassen, der Länge nach mit einem Sägemesser durchschneiden und die Deckel abheben.

6. Die Mousses in einen Spritzbeutel füllen: Die weiße Mousse in die rechte Seite des Beutels füllen, die braune in die linke, damit beim Spritzen Streifen entstehen. Die Mousse auf die Windbeutel- und Eclairs-Unterteile aufspritzen. Die Deckel aufsetzen. Das Gebäck mit Puderzucker bestreuen und servieren.

Zubereitungszeit: 1 Stunde, 30 Minuten (plus Kühlzeit)
Pro Stück 4 g E, 15 g F, 13 g KH = 206 kcal (863 kJ)

BACKEN

Warmer Nußkuchen mit Portweinfeigen

Für 8 Portionen:

Kuchen

100 g weiße Kuvertüre
100 g Butter (zimmerwarm)
80 g Puderzucker
4 Eigelb (Kl. M)
100 g Walnüsse (gemahlen)
4 Eiweiß (Kl. M)
70 g Zucker
70 g Mehl
Butter und Mehl für die Tarteform
Puderzucker zum Bestreuen

Feigen

100 g Zucker
Saft von je 2 Orangen und Limetten
350 ml weißer Portwein
abgeriebene Schale von je 1/2 Orange (unbehandelt) und Limette
1 Zimtstange
8 frische Feigen
5–10 g Speisestärke

1. Die Kuvertüre kleinschneiden und über dem heißen Wasserbad auflösen.

2. Die Butter und den Puderzucker mit den Quirlen des Handrührers glattrühren. Eigelb unterrühren. Die Kuvertüre zugießen. Einen Teil der Walnüsse unterrühren. Das Eiweiß mit dem Zucker steif schlagen. Ein Drittel vom Eischnee und die Hälfte des Mehls unterrühren. Dann erst das restliche Eiweiß, Mehl und die restlichen Walnüsse mit dem Gummispatel unterrühren.

3. Eine Tarteform (24 cm Ø) ausbuttern und mit Mehl ausstreuen. Den Teig einfüllen. Im vorgeheizten Backofen auf der 2. Einschubleiste von unten 30 Minuten bei 170 Grad backen (Gas 2, Umluft 20 Minuten bei 180 Grad).

4. Inzwischen für die Feigen den Zucker im Topf schmelzen lassen. Orangen- und Limettensaft und Portwein zugießen. Mit Orangen- und Limettenschale würzen. Die Zimtstange zerbrechen und zugeben. Den Portweinsud in 5 Minuten etwas einkochen lassen, bis sich der Zucker gelöst hat.

5. Inzwischen die Feigen schälen, dabei den Stiel mit etwas Schale stehen lassen.

6. Die Speisestärke mit wenig Wasser glattrühren, den Portweinsud damit binden. Die Feigen hineingeben und bei milder Hitze in 5 Minuten weichdünsten.

7. Den Kuchen aus dem Ofen nehmen, etwas abkühlen lassen, mit einem Messer vom Formrand lösen und mit Hilfe einer Palette aus der Form gleiten lassen. Den Kuchen dick mit Puderzucker bestreuen. Den Kuchen in Stücken mit den Portweinfeigen anrichten.

Zubereitungszeit: 1 Stunde
Pro Portion 9 g E, 25 g F, 58 g KH = 512 kcal (2143 kJ)

BACKEN

Lafers Mohrenköpfe

Für 4 Stück:

Schokoladenbaiser

2 Eiweiß (Kl. M)
50 g Zucker
20 g Kakaopulver
20 g gemahlene Mandeln (gebräunt)
25 g Puderzucker (gesiebt)
Fett für das Backblech

Mandelkrokant

20 g Zucker
20 g Mandelblättchen (geröstet))
Öl für das Backblech

Creme

50 g weiße Kuvertüre
50 g Nougat
1 Ei (Kl. M)
abgeriebene Schale von 1/2 Orange (unbehandelt)
1 Blatt Gelatine
10 ml Grand Marnier
10 ml Rum
225 ml geschlagene Sahne

Glasur

110 ml Schlagsahne
100 g Halbbitter-Kuvertüre (grob gerieben)
20 g Butter

Schokoladen-Läuterzucker

50 g Crème double
55 g Zucker
1 Tl Kakaopulver

Außerdem

50 g weiße Kuvertüre (flüssig)

1. Eiweiß mit dem Zucker steif schlagen. Kakaopulver, Mandeln und Puderzucker unterheben. Die Baisermasse in einen Spritzbeutel geben. Das Backblech einfetten und mit Backpapier auslegen. Mit einer Kuppelform (6 cm Ø) 4 Kreise auf das Papier zeichnen. Die Kreise mit der Baisermasse spiralförmig ausspritzen.

2. Die Baisers im vorgeheizten Backofen auf der 2. Einschubleiste von unten 30 Minuten bei 110 Grad backen (Gas 1, Umluft 20 Minuten bei 110 Grad). Die Baisers anschließend weitere 1 1/2–2 Stunden bei 70–80 Grad trocknen lassen (Gas 1, die Ofentür dabei einen Spalt öffnen, Umluft 1–1 1/2 Stunden bei 70–80 Grad). Auskühlen lassen.

3. Für den Krokant Zucker hellbraun schmelzen. Mandeln hineingeben. Ein Backblech mit Öl einfetten und mit Backpapier auslegen. Die Masse daraufschütten und auskühlen lassen. Dann in groben Stücken in der Küchenmaschine zerkleinern.

4. Weiße Kuvertüre zerkleinern, mit dem Nougat über dem heißen Wasserbad schmelzen lassen.

5. Das Ei mit 1–2 El Wasser über dem heißen Wasserbad aufschlagen, mit Orangenschale würzen. Gelatine in kaltem Wasser einweichen, ausgedrückt unterrühren und auflösen. Die Nougat-Kuvertüre unterrühren. Mit Grand Marnier und Rum würzen. Krokantbrösel und Sahne unterrühren.

6. Einen Eierkarton auf ein Tablett stellen, 4 Kuppelformen (6 cm Ø) auf den Karton setzen (damit sie nicht umfallen) und mit der Masse füllen. Mit Klarsichtfolie zudecken und im Kühlschrank 1–2 Stunden durchkühlen lassen.

7. Für die Glasur die Sahne aufkochen. Halbbitter-Kuvertüre hineinrühren, die Butterflöckchen mit einrühren.

8. In einem anderen Topf 45 ml Wasser mit Crème double, Zucker und Kakao verrühren, aufkochen und unter die Glasurflüssigkeit rühren. Auf Eiswürfeln unter Rühren stocken lassen.

9. Eine Saftpfanne mit Klarsichtfolie auslegen und ein Kuchengitter darauf setzen. Die Baiserböden darauf legen. Die Formen aus dem Kühlschrank nehmen und die Folie abziehen. Die Formen in heißes Wasser tauchen, die Creme zum Stürzen mit den Fingern aus den Formen schieben und auf die Baiserböden setzen. Die Glasur großzügig auf die Creme gießen, im Kühlschrank fest werden lassen.

10. Die Mohrenköpfe mit der weißen Kuvertüre verzieren.

Zubereitungszeit: 1 Stunde, 10 Minuten (plus Zeit zum Trocknen und Kühlen)
Pro Stück 15 g E, 56 g F, 82 g KH = 902 kcal (3776 kJ)

BACKEN

Weihnachtsstollen

Für 20–25 Stücke:
130 ml Milch (lauwarm)
35 g Zucker
1 Würfel frische Hefe (zerbröckelt)
450 g Mehl (gesiebt)
5 Eigelb (Kl. M)
135 g Butter (zimmerwarm, gewürfelt)
Salz
80 g Rosinen
2 El Rum
70 g Mandelblättchen (geröstet)
50 g Zitronat (fein gewürfelt)
50 g Orangeat (fein gewürfelt)
Schale von 1/2 Zitrone (unbehandelt)
1 Tl Vanillezucker
Mehl zum Bearbeiten
Butter für die Stollenform
Öl für das Backblech
100 g flüssige Butter zum Bestreichen
100 g Puderzucker (gesiebt)
1 Tl Pimentpulver

1. Milch mit Zucker, Hefe und 5 El Mehl verrühren, mit Klarsichtfolie zudecken und an einem warmen Platz 20 Minuten gehen lassen.

2. Das restliche Mehl und Eigelb zum Vorteig geben, mit der Küchenmaschine oder dem Handrührer einen Teig daraus kneten. Anschließend die Butterwürfel unterkneten und mit 1 Prise Salz würzen. Den Hefeteig mit Klarsichtfolie zudecken und an einem warmen Platz etwa 2 Stunden gehen lassen, bis er sein Volumen verdoppelt hat. Die Rosinen im Rum einweichen.

3. Eingeweichte Rosinen, Mandelblättchen, Zitronat und Orangeat, Zitronenschale und Vanillezucker mit dem Holzlöffel unter den Teig rühren.

4. Den Teig auf der bemehlten Arbeitsfläche mit den Händen zusammenkneten, kurz ruhen lassen und dann eine stollenlange Rolle daraus formen. Eine Stollenbackform (38 cm) ausbuttern und mit Mehl bestäuben. Den Teig hineingeben und festdrücken. Den Teig mit Klarsichtfolie zudecken und an einem warmen Platz wieder 30 Minuten gehen lassen, bis er die Form ausfüllt. Wichtig: Je öfter ein Hefeteig aufgehen darf, umso lockerer wird er.

5. Ein Backblech mit Öl bepinseln und mit Backpapier auslegen. Die Form darauf stürzen.

6. Den Stollen mit der Backform im vorgeheizten Backofen auf der 2. Einschubleiste von unten 25–30 Minuten bei 180 Grad backen (Gas 2–3, Umluft 20 Minuten bei 170 Grad). Die Backform abheben. Den Stollen 50 Minuten bei 180 Grad weiter backen (Gas 2–3, Umuft etwa 45 Minuten bei 170 Grad). Dabei immer wieder prüfen, ob der Stollen nicht zu dunkel wird.

7. Den Stollen aus dem Ofen nehmen. So oft mit flüssiger Butter bestreichen, bis sie aufgebraucht ist.

8. Den Stollen in Klarsichtfolie einwickeln und 3–4 Wochen ruhen lassen.

9. Puderzucker mit Piment mischen, den Stollen dick damit besieben und in Scheiben schneiden.

Zubereitungszeit: 1 Stunde, 40 Minuten (plus Zeit zum Gehen)
Pro Stück (bei 25 Stücken) 4 g E, 12 g F, 26 g KH = 232 kcal (971 kJ)

LAFERS PROFITIPS Die besten Tricks aus der Küche de

Knusprige Kartoffel-Chips mit Salat

Raffinierte Kartoffel-Chips

Der ordinäre Kartoffel-Chip ist out. Chips in allen Formen und Farben sind Mode. Chips lassen sich aus fast allem fritieren, aus Gemüse und Obst. Man kann sie einfach so aus der Hand essen. Sie sind aber auch toll dazu geeignet, Salate und andere Gerichte aufzumöbeln. Chips sind mehr als eine schöne Deko.

Salbei-Chips

1 große, geschälte Kartoffel quer in dünne Scheiben hobeln. Die Scheiben ins Wasser legen und vor der Zubereitung trockentupfen. Je 1 Salbeiblatt zwischen 2 Kartoffelscheiben legen und mit einem Küchentuch fest zusammendrücken. Die Chips in Fritierfett schwimmend goldgelb ausbacken. Mit einer Schaumkelle herausnehmen, auf Küchenpapier abtropfen lassen und dann salzen. Die Salbei-Chips auf einem Tomatensalat anrichten: halbierte Kirschtomaten liegen auf Kopfsalatblättern und sind mit Basilikumstreifen gemischt. Aus Balsamessig, Zitronensaft, Salz, Pfeffer und Öl eine Salatsauce zubereiten, den Salat damit beträufeln.

Gespickte Kartoffel-Chips

1 große, geschälte Kartoffel längs in dünne Scheiben hobeln und ins Wasser legen. Putenbrust oder durchwachsenen Speck in dünne Streifen schneiden. 1 abgetrocknete Kartoffelscheibe flach auf die Arbeitsfläche drücken und mit einem spitzen Messer 8 mal quer ein-, aber nicht durchschneiden (paarweise zu 4 schmalen Stegen). Die Putenbrust- oder Speckscheiben auf einen Grillspieß stecken und durch die Einschnitte in der Kartoffel ziehen. Die gespickten Kartoffelchips in Fritierfett schwimmend goldgelb ausbacken, mit der Schaumkelle herausnehmen, auf Küchenpapier abtropfen lassen und dann mit Paprikapulver und Salz würzen. Die gespickten Kartoffel-Chips auf Endiviensalat anrichten: Auf einem Bett aus Endiviensalatblättern Endiviensalat- und Radieschenstreifen mit Thymianblättern gemischt verteilen. Aus Essig, Zitronensaft, Salz, Pfeffer und Öl eine Salatsauce zubereiten, den Salat damit beträufeln.

Fleisch schonend garen

Pochierte Schweinelende aus dem Gewürzsud

Für 4 Portionen:
2 El Staudenselleriewürfel, 2 El Schalottenwürfel, 1 Rosmarinzweig, 4 Thymianzweige und 2 Lorbeerblätter in einem Topf in Butterschmalz anbraten. 500 ml Kalbsfond zugießen, kräftig aufkochen, mit Salz und 1 El Senf würzen.

600 g Schweinelende salzen und pfeffern, in 1 El heißem Butterschmalz rundherum anbraten.

Den Gewürzfond in einen Gefrierbeutel gießen. Die Schweinelende hineinlegen. Den Beutel knapp über dem Fleisch fest verschließen.

In einem großen Topf Wasser auf 80 Grad erhitzen (Küchenthermometer). Den Beutel hineinlegen und mit einem Teller beschweren. Die Lende 20–25 Minuten pochieren, herausnehmen und etwas ruhen lassen. Dann aufschneiden und z. B. auf Porreegemüse anrichten.

Bœuf à la ficelle

Für 4 Portionen:
Aus 1 Bund grob gewürfeltem Suppengrün, 2 grob gewürfelten roten Zwiebeln, 2 Knoblauchzehen, 1 1/2 l Rinderfond und 500 ml Rotwein einen kräftigen Fond kochen. 800 g Rinderfilet salzen und pfeffern, in 1 El Butterschmalz rundherum anbraten. Das Filet mit Küchengarn an beiden Enden so binden, daß es an einem Löffelstiel in die Brühe gehängt werden kann. Es darf dabei den Boden nicht berühren. Das Filet bei 80 Grad im Fond 25–30 Minuten pochieren, herausnehmen, abtropfen und etwas ruhen lassen. Dann aufschneiden und z. B. mit gebratenen Champignons servieren.

Gedämpfte Kalbsmedaillons

Für 4 Portionen:
Aus 400 ml Kalbsfond, 3 grob zerschnittenen Schalotten, 4 halbierten Knoblauchzehen, 1 Tl weißen Pfefferkörnern, 3 Rosmarinzweigen, 1/2 Bund Thymian und 3 Salbeiblättern in 10 Minuten einen kräftigen Sud kochen.

Inzwischen 4 Kalbsmedaillons (à 150 g) salzen und pfeffern. In 1 El Butterschmalz rundherum anbraten.

Einen Dämpfeinsatz in den Topf mit dem Gewürzsud geben. Die Medaillons hineinsetzen. Einen festsitzenden Deckel darauflegen. Das Fleisch im Aromadampf langsam 15–20 Minuten garen und anschließend auf gedämpftem Gemüse (z. B. Broccoli, Blumenkohl, Möhren und gehackte Petersilie) anrichten.

137

LAFERS PROFITIPS
Soufflés, die garantiert gelingen

Soufflé

Die große Angst beim Soufflébacken: Es geht nicht hoch, noch schlimmer – es fällt gleich wieder zusammen, wenn es den geringsten Lufthauch verspürt. Deshalb als erstes ein Soufflé für Anfänger. Es wird nämlich mit Mehl gemacht und kann deshalb nicht zusammenfallen.

Anfänger-Soufflé-Grundmasse

Für 4 Portionen:
50 g Butter mit 150 ml Milch und 1 Prise Salz aufkochen. 100 ml kalte Milch mit 50 g Mehl verrühren. Die heiße Milch dazugießen. Alles in den kalten Topf zurückgießen und aufkochen. Die Masse in einer Schüssel abkühlen lassen. 4 Eigelb hineinrühren.
Aus dieser Masse kann man verschiedene Variationen machen:

Orangen-Soufflè

Abgeriebene Schale von 1 Orange (unbehandelt) mit 2 cl Orangenlikör unter die Grundmasse mischen.

Mandel-Soufflé

30 g geriebene Marzipanrohmasse, 4 cl Mandellikör und 40 g gemahlene geröstete Mandeln unter die Grundmasse rühren.

Schokoladen-Soufflé

40 g geriebene Halbbitter-Kuvertüre, 10 g Kakaopulver und 2 cl Rum unter die Grundmasse rühren.

Für jedes Soufflé 4 Eiweiß mit 70 g Zucker und 1 Prise Salz steif schlagen und unterheben. Die Souffléförmchen ausbuttern, mit Semmelbröseln ausstreuen. Die Soufflémasse hineinfüllen. Die Förmchen in ein Wasserbad stellen. Im vorgeheizten Backofen bei 180 Grad 35–40 Minuten (Gas 2–3, Umluft 160 Grad) garen.

Quarksoufflé für Fortgeschrittene

Für 4 Portionen:
2 Eigelb und 40 g Zucker schaumig rühren. 100 g abgetropften Quark unterrühren. Mit abgeriebener Schale von 1 Limette verrühren.
2 Eiweiß mit 30 g Zucker und 1 Prise Salz steif schlagen. Erst die Hälfte des Eischnees mit dem Schneebesen unterrühren. Dann die zweite Hälfte mit dem Gummispatel unterheben. Die Souffléförmchen ausbuttern, mit Semmelbröseln ausstreuen. Die Soufflémasse einfüllen. Die Förmchen ins Wasserbad stellen. Die Soufflés im vorgeheizten Backofen 25–30 Minuten bei 180 Grad (Gas 2–3, Umluft 160 Grad) backen. Auf Teller stürzen und servieren.

Schutzmäntelchen: Panaden

Wiener Schnitzel auf Lafers Art

Für 4 Portionen:
4 Kalbsschnitzel (à 125 g) salzen und pfeffern, in Mehl wenden. Überschüssiges Mehl abklopfen.

2 Eier verquirlen, mit 2 El geschlagener Sahne verrühren und die bemehlten Schnitzel tief hineintauchen. Anschließend in Semmelbröseln wälzen. Die Panade vorsichtig andrücken.

In einer großen Pfanne reichlich Butterschmalz erhitzen, damit die Schnitzel schön schwimmen können. Die Schnitzel hineingeben und bei milder Hitze langsam von beiden Seiten goldbraun braten. Zwischendurch nur einmal wenden, die Schnitzel aber immer wieder mit Butterschmalz beschöpfen. Die Schnitzel auf Küchenpapier gut abtropfen lassen und mit einer Garnitur aus Zitronenscheibe, Anchovis, Kapern und einem Petersilienblatt servieren.

Grün und raffiniert: Lammschnitzel

Für 2 Portionen:
5–6 Scheiben Toastbrot ohne Rinde in der Küchenmaschine mit 3 El gehackten Kräutern (je 1 El Thymian, Rosmarin und Petersilie) zerkleinern.

4 Lammschnitzel salzen und pfeffern. Erst durch Mehl, dann durch 2 verquirlte Eier ziehen und schließlich tief in die Kräuter-Brot-Mischung (mie de pain) drücken. Die Panade fest andrücken.

Die Schnitzel in reichlich Butterschmalz bei milder Hitze langsam braten. Dabei nur einmal umdrehen, aber immer wieder mit Butterschmalz beschöpfen. Anschließend auf Küchenpapier gut abropfen lassen, dann servieren.

Bruschetta-Sandwich

Für 1 Portion:
Aus 50 g fein gehackter roher Poulardenbrust, 60 g gewürfeltem Schinken, 1 hartgekochten, gehackten Ei, 1 El gehackter Petersilie, Salz und Pfeffer eine Farce zubereiten. Auf 2 Toastbrotscheiben verteilen, mit 2 Toastbrotscheiben bedecken. Die gefüllten Brote in Dreiecke schneiden. Die Schnittflächen durch 1 Eiweiß ziehen, die Brote in eine Mischung aus weißer und schwarzer Sesamsaat tauchen. Die Sandwiches auf allen Seiten (auch auf den Kanten) in reichlich Butterschmalz goldbraun braten.

LAFERS PROFITIPS
Dekoration mit Kuvertüre

Kuvertüre zubereiten

400 g Kuvertüre klein schneiden und temperieren: über Wasserdampf bei maximal 45 Grad (Küchenthermometer) auflösen. Nur so können sich die Kakaofette lösen.

200 g kleingeschnittene Kuvertüre zugeben, um die aufgelöste Kuvertüre schnell abzukühlen. Nur so verbindet sich das Kakaofett wieder mit dem Kakaopulver. Die Kuvertüre muß jetzt glänzen (wenn nicht, wieder von vorne anfangen).

Die Kuvertüre am besten auf eine Marmorplatte geben, um sie abzukühlen. Auf der Marmorplatte mit der Palette ausstreichen. Wenn die Kuvertüre jetzt leicht zähflüssig wird, hat sie ungefähr 25 Grad. Sie wird jetzt wieder über dem heißen Wasserbad auf ca. 30 Grad erhitzt.
Nur so wird die Glasur perfekt. Probe: Plastikkochlöffel eintauchen, auf einem Kuchengitter ablegen. Wenn die Kuvertüre fest wird und glänzt, ist sie gut.

Schoko-Erdbeeren

Gewaschene, abgetropfte Erdbeeren an den Blütenblättern in die Kuvertüre tauchen, auf ein Kuchengitter legen, bis die Kuvertüre fest geworden ist.

Schoko-Marzipan

300 g Marzipanrohmasse mit 100 g Puderzucker und 100 g gehackten Pistazienkernen verkneten, dick ausrollen und in Rechtecke schneiden. Mit der Pralinengabel in die Kuvertüre tauchen, abtropfen lassen und auf Backpapier setzen.

Schoko-Korb

Einen Streifen dicke Plastikfolie (6 cm breit, 25 cm lang) dick mit Kuvertüre einpinseln, etwas anziehen lassen, die Folie abziehen. Die Kuvertüre zum Kranz formen, aufstellen, fest werden lassen. Creme einfüllen.

Lorbeer-Schokoblätter

Lorbeerblätter auf der Unterseite mit Kuvertüre bestreichen. Die Kuvertüre kalt werden lassen, die Blätter abziehen. Die Schokoblätter als Dekoration verwenden.

Herzhaft gefülltes Gemüse

Gefüllte Kartoffeln

Für 2 Portionen als Vorspeise: 2 große ungeschälte Kartoffeln (à 130 g) mit Kümmel in Salzwasser garen, schälen und aushöhlen. 50 ml Schlagsahne und 50 ml Milch zusammen etwas einkochen lassen, über die ausgehöhlte Kartoffelmasse gießen. Mit Salz und Muskat würzen, 40 g Butter in kleinen Stückchen zugeben. Alles mit dem Kartoffelstampfer grob zerdrücken und dabei mischen. Das Püree in die ausgehöhlten Kartoffeln füllen. 100 g Nordseekrabben mit 4 El heißem Öl marinieren, 1 Bund gehackten Dill unterziehen, auf die Kartoffeln geben und servieren.

Gefüllte Kohlrabi in der Kartoffelkruste

Für 4 Portionen als Vorspeise: 4 große Kohlrabi (à 300 g) schälen und 10 Minuten in Salzwasser vorgaren. Die Kohlrabi aushöhlen, das Fleisch würfeln. 400 g Hähnchenbrust würfeln, herzhaft mit Salz, Pfeffer und 2 El gehackter Petersilie würzen, mit den Kohlrabiwürfeln mischen und als Füllung in die Kohlrabi geben. 1 große Kartoffel dünn hobeln. Die Scheiben rund ausstechen, kranzförmig auf die Füllung legen und mit flüssigem Butterschmalz bepinseln. Die Kohlrabi 10 Minuten in den Kühlschrank stellen, anschließend mit der Kartoffelseite nach unten in Butterschmalz in der Pfanne braten. Kohlrabi mit der Kartoffelseite nach oben auf ein mit Alufolie belegtes Backblech setzen, im vorgeheizten Ofen bei 200 Grad noch 10 Minuten backen (Gas 3, Umluft 180 Grad). Mit einer Schnittlauchsauce servieren.

Gefüllte Zucchini

Für 4 Portionen als kleines Hauptgericht: 4 Zucchini putzen, längs halbieren und aushöhlen. Das Fruchtfleisch würfeln. 1 Paprikaschote, 1 Aubergine und 1 große Tomate ebenfalls würfeln. Alles mit je 1 El Zwiebel- und Knoblauchwürfeln mischen. In wenig Öl in der Pfanne kurz dünsten. Herzhaft mit Salz, Pfeffer und Rosmarin würzen und als Füllung in die Zucchini geben. Die Zucchini in eine ofenfeste, geölte Form setzen und mit 60 g gehobeltem Käse bestreuen. Im vorgeheizten Ofen bei 180 Grad 20 Minuten backen (Gas 2–3, Umluft 160 Grad). Dazu eine kalte Tomatensauce mit Basilikum servieren.

LAFERS PROFITIPS

Brote mit Steinpilzen

Strammer Max mit Steinpilzen

Für 4 Portionen als Vorspeise:
200 g Steinpilze putzen, fein würfeln, mit 1 El Schalotten- und 1 Tl Knoblauchwürfel in einer breiten Pfanne in 2 El Butter braten, bis die gesamte Flüssigkeit verdampft ist. Die Pilze salzen und pfeffern, mit je 1 El gehackter Petersilie und Thymian würzen. 4 Graubrotscheiben mit Öl und Knoblauch in einer Pfanne rösten. 4 Spiegeleier in Butter braten. Die Pilze auf den Broten anrichten und mit je 1 Spiegelei belegen.

Bruschetta mit Basilikum-Steinpilzen

Für 4 Portionen als Vorspeise:
200 g Steinpilze putzen und halbieren oder vierteln, mit 2 El Olivenöl und 1 pürierten Knoblauchzehe in einer breiten Pfanne braten. Zum Schluß salzen, pfeffern und 1/2 Bund kleingezupftes Basilikum unterschwenken. Gleichzeitig 4 Graubrotscheiben mit Öl in einer Pfanne rösten. Die Basilikum-Steinpilze auf den Broten anrichten und heiß servieren.

Geröstetes Brot mit Steinpilzsalat

Für 4 Portionen als Vorspeise:
2 El Rosinen in 30 ml Sherry einweichen. 200 g geputzte Steinpilze und 150 g gewaschene Äpfel mit Schale in feine Scheiben schneiden, in einer Schüssel mit den Rosinen mischen. In einer Sauce aus 4 El warmem Nußöl, 3 El Balsamessig, wenig Zitronensaft, Salz und Pfeffer marinieren. 4 Graubrotscheiben mit Öl in einer Pfanne rösten und anschließend mit Chicoréeblättern belegen. Den Steinpilzsalat darauf anrichten.

Raffinierte Hackbällchen

Klassische Kalbfleischbällchen

Für 4 Portionen:
4 Scheiben Weißbrot ohne Rinde würfeln und in 100 ml warmer Milch einweichen. 100 g Schalottenwürfel, 1 Tl Knoblauchwürfel und 1 El gehackte Petersilie in 1 El Butter andünsten. Das Weißbrot mit 500 g feinem Kalbshack und den Schalotten mischen. 1 El gehackte Thymianblättchen und 1 feingewürfeltes Anchovisfilet unterrühren. Mit Salz und Pfeffer herzhaft würzen. Mit nassen Händen (oder einem Eisportionierer) kleine Bällchen aus dem Fleischteig formen. 3 El Butterschmalz in einer großen Pfanne erhitzen. Die Bällchen darin bei milder Hitze langsam von beiden Seiten goldbraun braten. Zum Schluß 2 El Butter in die Pfanne geben und aufschäumen lassen, die Bällchen damit beschöpfen.

Gedämpfte Poulardenbrustbällchen

Für 4 Portionen:
500 g Poulardenbrust (ohne Haut) durch die Scheibe vom Fleischwolf drehen. Mit 3 El Sojasauce, 2 El Sesamöl, 2 El frischen Ingwerwürfeln und 4 El gehacktem Koriandergrün, Salz und Pfeffer würzen. Je 40 g Möhren, Fenchel und Porree in feine Streifen (Julienne) schneiden. In einem Topf aus 400 ml Hühnerbrühe, 2 El Sojasauce, 3 Stangen Zitronengras und 1 El Schalottenwürfeln einen Sud kochen. Die Gemüsestreifen auf einen Dämpfeinsatz geben. Die Bällchen daraufsetzen. Den Dämpfeinsatz in den Topf geben, einen festsitzenden Deckel auflegen. Die Bällchen bei milder Hitze 15 Minuten dämpfen. Mit 1 El weißer Sesamsaat bestreuen.

Schnelle Erfrischungen

Zitronensorbet mit Basilikum

Für 2 Portionen:
1 Pk. Zitronensorbet und Blätter von 1 Bund Basilikum in einem hohen Gefäß mit dem Schneidstab aufmixen und zu einer in Weißwein pochierten, aufgefächerten Birne auf einem eisgekühlten Teller reichen.

Pochierte Birne: 500 ml Weißwein mit 1 Zimtstange, 2 Gewürznelken, 100 g Zucker und Mark aus 1 Vanilleschote aufkochen. 2 Birnen schälen, halbieren, entkernen und im Sud knapp gar ziehen lassen.

Melonenkaltschale mit Gewürztraminer

Für 2 Portionen:
Das Fruchtfleisch aus 1/2 Galia-Melone mit Eiswürfeln in einen Mixer geben. 100 ml gut gekühlten Gewürztraminer zugießen. 2 El Zucker zugeben. Mit etwas Zitronensaft abschmecken. Alles schaumig mixen. Von der 2. Melonenhälfte mit dem Ausstecher Kugeln ausstechen. Die Kugeln in die Schale geben und mit der Melonenkaltschale begießen. Mit einigen pürierten Erdbeeren verfeinern und mit 1 Zweig Minze garnieren.

Kalter Gemüsedrink

Für 2 Portionen:
Je 160 g rote und gelbe Paprikawürfel und 120 g Staudensellerriestücke mit 250 ml eiskalter Geflügelbrühe im Mixer aufmixen. 1 kleingewürfelte Chilischote zugeben. 1–2 El Weißweinessig zugießen, salzen und mit 1 Prise Zucker würzen. Schaumig aufmixen. In 2 eiskalte Gläser gießen, je 1 Stange Staudensellerie zum Umrühren hineingeben.

Glasuren für saftige Braten

Ente mit Orangenglasur

Für 2 Portionen:
Eine Ente (küchenfertig, 1 1/2–2 kg) in einer Pfanne im Ofen auf der 2. Einschubleiste von unten 50 Minuten bei 190 Grad braten (Gas 2–3, Umluft 40-45 Minuten bei 180 Grad).

Inzwischen für die Glasur 2 El Honig im Topf erhitzen. 80 ml frisch gepreßten Orangensaft zugießen. 100 g Butter darin auflösen. 1 El Thymianblättchen unterrühren.

Ein Gitter auf eine mit Alufolie ausgelegte Saftpfanne legen. Die Ente daraufsetzen und rundherum mit der Glasur einpinseln. Die Ente wieder in den Ofen schieben und noch einmal 10–15 Minuten bei 200 Grad glasieren (Gas 3, Umluft 10–15 Minuten bei 180 Grad). Die Ente dabei immer wieder mit der Glasur bepinseln.

Schweinebraten mit Bierglasur

Für 8 Portionen:
Einen Schwartenbraten (1 1/2 kg) wie gewohnt fast fertig braten.

Inzwischen 300 ml dunkles Bier mit 1 El braunem Zucker, 1 Tl gemahlenem Kümmel und 1 Tl Nelkenpulver aufkochen.

In den letzten 10 Minuten den Braten immer wieder mit der Bierglasur begießen.

LAFERS PROFITIPS

Apfel-Tartes

Tellersülze

Tarte Tatin

Für 8 Stücke:
Aus 150 g Zucker und 50 g Butter einen hellen Karamel zubereiten und in eine feuerfeste Form (24 cm Ø) gießen. 600 g Apfelspalten kreisförmig hineinlegen. 2 El Zimtzucker darüberstreuen und 40 g Butterflöckchen daraufsetzen.

300 g TK-Blätterteig auftauen und etwas größer als die Form ausrollen. Die Form damit verschließen. Den Rand fest andrücken. Mit der Gabel Löcher in den Teig stechen.

Die Tarte im vorgeheizten Backofen bei 200 Grad (Gas 3, Umluft 180 Grad) 20 Minuten backen.

Tarte vorsichtig stürzen: Dafür einen Teller auf die Form legen, beides zusammen umdrehen. Ein wenig auf die Form klopfen und sie dann abheben.

Blätterteig-Äpfel

Für 3 Stücke:
300 g TK-Blätterteig auftauen und ausrollen. Eine Apfel-Schablone (siehe Foto oben) auf den Teig legen und 3 Äpfel ausschneiden.

100 g geriebene Marzipanrohmasse auf dem Teig verteilen. Mit jeweils 5–6 Apfelspalten belegen und 1/2 El Zimtzucker darauf streuen. Im Backofen 20 Minuten bei 200 Grad (Gas 3, Umluft 180 Grad) backen.

2 El Apfelgelee aufkochen. Die Tartes damit überglänzen. Mit Vanillesauce servieren.

Tellersülze mit Poularde

Für 4–6 Portionen:
1 Poularde (900–1200 g) in 1,5 l Wasser mit 1 Bund Suppengrün und Pfefferkörnern, Wacholderbeeren, Lorbeerblättern und 1 halbierten, auf der Schnittfläche gerösteten Zwiebel 45 Minuten ziehen lassen. Das Huhn aus der Brühe nehmen.

Die erkaltete Brühe entfetten. Für das Klärfleisch 200 g durch den Fleischwolf gedrehtes Putenfleisch, 2 El feine Porreewürfel, 2 El feine Möhrenwürfel und 2 El feine Selleriewürfel mischen, salzen und eine Handvoll Eiswürfel und flüssiges Eiweiß von 2 Eiern unterrühren. Das Klärfleisch in den Topf geben, die Brühe dazugießen, verrühren und ganz langsam aufkochen lassen. Das Klärfleisch, das sich oben abgesetzt hat, beiseite schieben.

Ein feines Sieb mit einem Passiertuch auslegen. Die Brühe mit der Kelle hineingießen und durchlaufen lassen. 8 Blatt Gelatine in kaltem Wasser einweichen, gut ausdrücken und in der Hühnerbrühe auflösen. Die Hühnerbrühe mit 40 ml Estragonessig und Salz würzen. Die Hühnerbrühe auf Eiswürfeln etwas gelieren lassen. Das kalte Poulardenfleisch von den Knochen lösen, häuten und in feine Streifen schneiden. Streifen fächerförmig in gekühlte Suppenteller legen, mit Tomatenwürfeln (gehäutet), Essiggurkenwürfeln und Kapern bestreuen. Die leicht gelierte Hühnerbrühe daraufgießen.

4–5 El Crème fraîche leicht erwärmen, 1 El feine Schnittlauchröllchen unterziehen. Die Tellersülze damit garnieren.

Perfektes Huhn

Hefeteig: ganz einfach

Würz-Poularde

Für 4–6 Portionen:
1 Maispoularde (1,3 kg) innen mit Salz und Pfeffer würzen.

Aus 150 g Putenhackfleisch, 2 El gerösteten Pinienkernen, 3 El gehackten Spinatblättchen, 2 El in Butter gerösteten Croûtons, 1 Ei, Salz und Pfeffer eine Füllung zubereiten. Die Poularde damit füllen. Die Öffnung mit Holzstäbchen zustecken, mit Küchengarn wie einen Schnürschuh zubinden.

In der Küchenmaschine eine Kräuterpaste aus je 1 El gehacktem Thymian, Basilikum, Kerbel, Petersilie und gerösteten Pinienkernen, 2–3 El Öl, Salz und Pfeffer zubereiten.

Die Haut der Poularde auf der Brustseite mit dem Finger lösen. Die Paste mit einem Löffel auf jeder Brustseite unter die Haut schieben und durch Druck von außen gut verteilen. Das Huhn mit Küchengarn in Form binden, auf das Backblech setzen.

1/4 l Sojasauce mit 2–3 El Öl, wenig Salz und Pfeffer verrühren. Die Poularde damit einpinseln und im vorgeheizten Backofen auf der 2. Einschubleiste von unten bei 200 Grad (Gas 3, Umluft 180 Grad) 50–60 Minuten braten. Dabei immer wieder mit der Sauce bepinseln.

Hefe-Grundteig

Aus 125 ml lauwarmer Milch, 20 g zerbröckelter frischer Hefe, 40 g Zucker und 50 g gesiebtem Mehl mit dem Schneebesen einen Vorteig rühren, mit Klarsichtfolie zudecken und an einem warmen Platz 15 Minuten gehen lassen.

Den Vorteig mit 300 g gesiebtem Mehl und 2 Eiern verkneten, bis ein glatter Teig entstanden ist. Jetzt 40 g zimmerwarme Butter und 1 Prise Salz dazugeben. Kneten, bis der Teig saftig und geschmeidig ist. Den Hefeteig mit Klarsichtfolie zudecken und 20–30 Minuten gehen lassen, bis er sein Volumen ungefähr verdoppelt hat.

Nußrolle

Für 12–15 Stücke:
2 El Rum und die abgeriebene Schale von 1/2 Zitrone (unbehandelt) mit einem Holzlöffel unter den Grundteig kneten. Für die Füllung 70 g Butter mit 2–3 El Honig und 150 g gemahlenen Haselnüssen in der Pfanne zerlassen.

Ein ausreichend großes Stück Klarsichtfolie mit Mehl bestäuben. Den Hefeteig darauf nicht zu dünn ausrollen und mit 200 g Marzipanrohmasse (in dünnen Scheiben) belegen. Die Nußmasse darauf verstreichen.

Mit der Klarsichtfolie aus dem Teig eine Rolle formen.

Eine feuerfeste Form (35 cm Ø) ausbuttern. Die Rolle hineinlegen, mit Klarsichtfolie zudecken und an einem warmen Platz in 30 Minuten hoch aufgehen lassen.

2 Eigelb mit wenig Wasser verquirlen. Die Nußrolle damit bepinseln. Im vorgeheizten Backofen ca. 45 Minuten bei 190 Grad (Gas 2–3, Umluft 170 Grad) backen.

LAFERS PROFITIPS

Kartoffelpüree

Kartoffelpüree-Grundmasse

Für 4 Portionen:
300 g mehligkochende Kartoffeln schälen, gleichmäßig würfeln, in Salzwasser garen, abgießen und sehr gut ausdämpfen lassen.

Während die Kartoffeln kochen, 80 ml Milch und 80 ml Schlagsahne mit 50 g Butter 2–3 Minuten einkochen lassen. Nicht zu sparsam mit Salz und Muskat würzen.

Die Kartoffeln heiß durch die Kartoffelpresse drücken. Die eingekochte Milch nach und nach unter das Püree rühren. Immer erst Flüssigkeit nachgießen, wenn die andere völlig aufgenommen ist.

Kartoffelpüree mit Kräutern

Für 4 Portionen:
Je 2 El Petersilie, Kerbel und Schnittlauch (grob geschnitten) mit 1 El Dillästen und etwas Wasser im Mixer pürieren. Durch ein Sieb in einen Topf mit Wasser geben und erhitzen. Die nach oben steigenden Kräuter mit einem feinen Sieb abnehmen und gut abtropfen lassen. Das Püree damit färben und 2 El geschlagene Sahne unterheben.

Das Kräuterpüree paßt gut zu gebratenem Fisch.

Kartoffelpüree-Soufflé

Für 6 Portionen:
2 El Speckwürfel, 1 El Schalottenwürfel mit 1 El gehackter Petersilie in 50 g Butterschmalz glasig braten. In das heiße Kartoffelpüree rühren. 1 knappen Tl Backpulver dazugeben. 3 Eiweiß mit 1 Prise Salz steif schlagen und unterheben.

6 gebutterte Auflaufförmchen mit Semmelbröseln ausstreuen und die Masse hineingeben. Die Förmchen ins Wasserbad stellen. Im vorgeheizten Backofen ca. 20 Minuten bei 220 Grad (Gas 3–4, Umluft 200 Grad) backen.

Das Soufflé paßt gut zu knusprigem Braten mit Sauce.

Dessert-Garnituren

Sesamhippe mit herbstlichem Obstsalat

Für 4 Portionen:
30 ml frisch gepreßten Orangensaft aufkochen, mit 120 g Butter, 200 g Zucker, 100 g gerösteter, weißer Sesamsaat und 40 g schwarzer Sesamsaat verrühren. Über Nacht im Kühlschrank ausquellen lassen.

Backpapier aufs Backblech legen. Kleine Teighäufchen daraufsetzen und mit einer nassen Gabel zu flachen Kreisen drücken. Dabei ausreichend Platz zwischen den Kreisen lassen. Die Hippen im vorgeheizten Backofen bei 180 Grad (Gas 2–3, Umluft 160 Grad) 5–10 Minuten backen.

Zum Formen nicht ganz auskühlen lassen: entweder über einen Holzlöffelstiel biegen oder auf eine kleine Schüssel oder Tasse legen und kurz in den Ofen schieben. Die Hippe fällt in die Tasse. Das Hippenkörbchen erst aus dem Gefäß nehmen, wenn es abgekühlt ist. Dann mit einem Obstsalat füllen (hier Apfel mit Schale, Himbeeren, Trauben, frische Pfefferminze als Sträußchen).

Gefüllte Apfelchip-Türme

Für 4 Portionen:
Ein Backblech mit Backpapier auslegen. 2 große geschälte Äpfel (à 230 g) reiben, in 12 flachen Häufchen aufs Papier setzen und dick mit Puderzucker bestreuen. Im vorgeheizten Backofen bei 150–160 Grad (Gas 1–2, Umluft 150 Grad) 1 Stunde trocknen und kandieren. Abkühlen lassen. Einen Apfelchip dick mit weißer Schokoladenmousse bespritzen, einen zweiten Chip aufsetzen, wieder bespritzen. Den dritten Chip als Deckel aufsetzen. Auf diese Weise 4 Türme bauen. Die Türme auf dekorierten Tellern anrichten und servieren.

Salatsaucen

Schnittlauch-Vinaigrette

Die klassische Vinaigrette:
3 El Weißweinessig, Salz und Pfeffer mit dem Schneebesen verrühren, bis sich das Salz aufgelöst hat. 6 El Öl dazugeben und zu einer Emulsion aufschlagen.

Meine Variation:
2 El Schalottenwürfel in
1 El Butter glasig dünsten, um die Schärfe zu mildern.
2 El Brühe dazugießen, um das Essigaroma zu brechen.

Die Schalotten jetzt in die Vinaigrette rühren. Zum Schluß 2 El feine Schnittlauchröllchen unterrühren.

Einen gemischten Salat auf einer Platte ausbreiten, mit der Vinaigrette beträufeln, vorsichtig durchheben und servieren.

Cremesauce

1/2 El Knoblauchwürfel, 1 Tl Senf, 2 El Joghurt, 2 El Essig, 4 El Öl, 2 El Brühe, Saft von 1/2 Zitrone, Salz und Pfeffer im Mixer schaumig schlagen, auf einen gemischten Salat träufeln, vorsichtig durchheben und servieren.

Blitz-Mayonnaise

1 El Senf, 1 Ei, Salz und 200 ml Öl in ein hohes Gefäß geben, mit dem Schneidstab durcharbeiten, bis die Masse cremig ist. 4–6 El Milch und 1–2 El Sweet-Chili-Sauce dazugeben und gut durchmixen. Die Sauce über einen gemischten Salat träufeln, durchheben und servieren.

Chutneys

Tomaten-Chutney

2 El Schalottenwürfel und 1 El Knoblauchwürfel in 1–2 El Butter glasig braten. 50 g Zucker unterrühren. Mit 40 ml gutem Weißweinessig ablöschen. 6 Tomaten (aus der Dose) ohne Saft dazugeben. 2 getrocknete Tomaten gewürfelt dazugeben. Salzen.1 El Johannisbeergelee unterrühren. 2 Thymianzweige und 2 Rosmarinästchen dazugeben, mit gemahlenem Chili würzen. Alles 10–15 Minuten einkochen lassen.

Das Tomaten-Chutney paßt gut zu gebratenem Rindfleisch.

Apfel-Chutney

4 Äpfel ohne Schale klein würfeln. Mit 100 g Zucker kurz aufkochen. 1 Zimtstange, 1 El gehackte Minzeblätter, 1/2 zerbröselte Chilischote, 150 ml Weißwein, 50 ml Apfelschnaps und 40 ml Essig dazugeben. Alles in 10–15 Minuten einkochen lassen.

Das Apfel-Chutney paßt gut zu Schweinebraten.

Mango-Chutney

300 ml Geflügelfond mit 2 El Schalottenwürfeln, 1/2 El frischen Ingwerwürfeln, 2 El braunem Zucker, 1 El grünem Pfeffer, 1/2 zerbröselten Chilischote und 40 ml Weißweinessig aufkochen. 800 g Mangofleisch (von etwa 4 Früchten) in große Würfel schneiden und darin 50 Minuten ziehen lassen.

Das Mango-Chutney paßt gut zu gebratener Entenbrust.

LAFERS PROFITIPS

Kartoffelteig

Kartoffel-Grundteig

500 g mehligkochende Kartoffeln als Pellkartoffeln in Salzwasser 25 Minuten kochen, abgießen, abtropfen lassen und auf ein Backblech legen. Die Kartoffeln im vorgeheizten Backofen auf der 2. Einschubleiste von unten bei 200 Grad (Gas 3, Umluft 180 Grad) 5 Minuten ausdämpfen lassen. Die Kartoffeln schälen und heiß durch die Kartoffelpresse in eine Schüssel drücken.

1 Eigelb (Kl. M), 40 g Hartweizengrieß und 60 g Mehl dazugeben.

Alles vorsichtig zu einem lockeren Teig zusammenrühren. Nicht mit der Maschine arbeiten, weil der Teig dann klebrig und zäh wird.

Leberwurst-Maultaschen

Für 12–16 Stück:
Den Grundteig mit 2 El gehackter Petersilie, Salz, Pfeffer und Muskat würzen. Auf etwas Mehl ausrollen und Kreise (8 cm Ø) ausstechen. In die Mitte je ein Stück Leberwurst setzen. Die Ränder mit verquirltem Eigelb bestreichen. Den Teig zu Halbmonden zusammenklappen, die Ränder fest zusammendrücken. Die Maultaschen in Salzwasser 10 Minuten ziehen lassen, abgetropft in einer Zwiebelschmelze mit Petersilie wälzen.

Mohnknödel

Für ca. 16 Stück:
Den Grundteig mit 40 g gemahlenem Mohn, abgeriebener Schale von 1 Zitrone (unbehandelt) und 10 ml Rum würzen. Auf etwas Mehl ausrollen und Kreise (8 cm Ø) ausstechen.

150 g Kurpflaumen mit 70 g Marzipanrohmasse füllen und in die Teigmitte setzen. Ränder mit verquirltem Eigelb bestreichen. Mit bemehlten Händen Knödel daraus formen und in Salzwasser in 12–15 Minuten gar ziehen lassen. Die abgetropften Knödel in einer Semmelbröselschmelze (gewürzt mit Orangen- und Zitronenschale und Zucker) wälzen. Mit Puderzucker bestreuen.

Schnelle Schnitzelchen

Marinierte Schweinefilets

Für 2 Portionen:
4 El Öl mit 3 El Gin mischen, 2 Lorbeerblätter, 1 Tl Kümmel und 5 zerdrückte Wacholderbeeren unterrühren. 4 Schweinefilets (à 60 g) in der Flüssigkeit mindestens 4 Stunden marinieren (dabei mit Klarsichtfolie zudecken). Das Fleisch abtropfen lassen, in 1 El Butterschmalz braten. Erst nach dem Umdrehen salzen und pfeffern. Filets auf Weißkohlsalat anrichten.

Lammschnitzelchen mit Rosmarin

Für 2 Portionen:
4 Scheiben aus der Lammkeule (à 80 g) kurz in 1 El Butterschmalz braten. Dabei mit 1 El feingehackten Rosmarinnadeln und 1 El Knoblauchwürfeln würzen. Mit 2 El Zitronensaft ablöschen, nach dem Umdrehen salzen und pfeffern. Auf Bohnensalat anrichten und mit Bratfett und Kräutern beträufeln.

Kalbschnitzelchen mit Salbei

Für 2 Portionen:
4 Kalbsschnitzel (à 60 g) in 1 EL Butterschmalz braten. Nach dem Umdrehen 100 g durchwachsenen Speck in Streifen und 5 große Salbeiblätter mitbraten. Salzen und pfeffern. 20 g Butter zugeben und die Schnitzel damit glasieren. Auf Bandnudeln mit kleinen, halbierten Tomaten anrichten.

Mousses

Zimt-Mousse

Für 6–8 Portionen:
350 ml Milch und 4 Zimtstangen aufkochen und 30 Minuten ziehen lassen.

4 Eigelb in einen Schlagkessel geben. Die Zimtmilch durch ein Sieb dazugießen.

70 g Zucker dazugeben. Alles kräftig mit dem Schneebesen über dem heißen Wasserbad in 5–7 Minuten cremig-schaumig aufschlagen.

4 Blatt Gelatine in kaltem Wasser einweichen. Abgetropft und ausgedrückt in der warmen Schaummasse unter Rühren auflösen.

Die Schüssel auf Eiswürfel stellen. Die Creme etwas fest werden lassen. Mit dem Schneebesen glattrühren.

2–3 El weißen Schokoladenlikör unterrühren.

350 ml Schlagsahne nicht ganz steif schlagen und unterrühren.

Die Mousse mit Klarsichtfolie zudecken und 2 Stunden in den Kühlschrank stellen.

Zum Anrichten einen Eßlöffel in heißes Wasser tauchen, damit Nocken aus der Zimtmousse abstechen und z. B. mit Kirschkompott servieren.

Orangen-Mousse

Für 4–6 Portionen:
250 ml Orangensaft mit 50 g Zucker aufkochen. 1 Tl Granatapfelsirup zum Färben zugeben.

4 Blatt Gelatine in kaltem Wasser einweichen, abtropfen lassen und ausdrücken. In den Orangensud rühren. Auf Eis stellen und gelieren lassen. 2 El Orangenlikör dazugeben und glattrühren. 250 ml nicht ganz steif geschlagene Sahne unterheben.

2 Eiweiß mit 40 g Zucker steif schlagen, zum Schluß vorsichtig unterheben. Die lockere Mousse in Auflaufförmchen füllen, mit Klarsichtfolie zudecken und mindestens 6 Stunden in den Kühlschrank stellen.

Orangenmousse stürzen und z. B. mit einem Orangenkompott servieren.

Mit Essig kochen

Forelle blau

Für 2 Portionen:
1 l Wasser mit Salz, 1 Bund Dill, 1 Bund grob gewürfeltem Suppengrün, 4 halbierten Schalotten, 2 Tomaten in Vierteln, Pfefferkörnern, Wacholderbeeren und Thymian 10 Minuten kochen und etwas abkühlen lassen.

Inzwischen für das Blaufärben 200 ml sehr guten Weißweinessig mit etwas Wasser aufkochen.

2 fangfrische, küchenfertige Forellen (à ca. 350 g), die noch eine zarte Schleimschicht auf der Haut haben, in den Gittereinsatz eines Fischtopfes setzen und mit dem Essigwasser begießen. Dabei färbt sich die Haut blau.

Den Einsatz in den Fischtopf setzen und die Forellen mit dem Würzsud begießen.
Die Forellen darin zugedeckt bei milder Hitze 10–12 Minuten ziehen lassen.

Soleier

6 Eier mit braunen Zwiebelschalen 10 Minuten in Salzwasser kochen, abschrecken, die Eischale anschlagen. Die Eier mit viel frischem Dill in ein hohes Glas schichten. 0,8 l Wasser, 80 g Salz und 0,2 l sehr guten Essig aufkochen und auf die Eier gießen. Mindestens 36 Stunden ziehen lassen.

Süß-saure Rosinensauce

Für 2–3 Portionen:
1 El Schalottenwürfel und 1 Tl Knoblauchwürfel in 50 g Butter glasig düsten.
Mit Chili würzen. 20 g Pinienkerne und 20 g Rosinen unterrühren. Mit 50 g Zucker, je 1 Msp. Nelken- und Zimtpulver und 2 Lorbeerblättern würzen. Mit 0,1 l Apfelessig einkochen lassen.

300 g gebratene Poulardenbrust in dünne Scheiben schneiden, mit der Sauce begießen und über Nacht marinieren.

LAFERS PROFITIPS

Perfekte Rösti

Rösti aus gekochten Kartoffeln

Für 4 Portionen als Beilage: 500 g festkochende Kartoffeln als Pellkartoffeln in Salzwasser garen, abschrecken, warm pellen und abkühlen lassen. Am nächsten Tag in feine Streifen reiben.

1 El durchwachsene Speckwürfel, 1 El Zwiebelwürfel und 2 El Champignonwürfel in einer Pfanne (24 cm Ø) in 1 El Butterschmalz glasig braten. Die Kartoffeln daraufgeben und durchmischen. Einen festen runden Kuchen daraus formen. Mit Salz und Pfeffer würzen. Den Rösti bei milder Hitze sehr langsam braten, umdrehen, salzen und weiterbraten.

Am Rand 1–2 El Butter in die Pfanne gleiten lassen. Den Rösti damit beschöpfen und vor dem Servieren mit 1 El gehackter Petersilie bestreuen.

Räucheraal-Rösti aus rohen Kartoffeln

Für 4 Portionen als Beilage: 300 g Kartoffeln schälen, waschen, auf der groben Seite der Haushaltsreibe in ein Tuch raspeln, gut ausdrücken und mit 80 g Räucheraalwürfeln, 1 El Zwiebelwürfeln, 1 El Kapern, Salz und Pfeffer mischen.

1–2 El Butterschmalz in einer großen Pfanne nicht zu stark erhitzen. 4 kleine Teighäufchen hineinsetzen, flach und rund formen und bei sehr milder Hitze ganz langsam auf jeder Seite goldbraun braten. Dabei noch einmal salzen und pfeffern. Die fertigen Rösti auf Küchenpapier abtropfen lassen.

Mit etwas Crème fraîche auf Salat anrichten.

Schützende Teighülle

Empfindliches Bratgut muß vor Hitze geschützt werden, damit es während des Bratvorgangs nicht verbrennt und/oder trocken wird. Hier zwei Beispiele:

Filet Wellington

Für 4 Portionen: 700 g Rinderfilet (Mittelstück) salzen und pfeffern, in 30 g Butterschmalz rundherum anbraten, abkühlen lassen. 350 g Champignon- und 30 g Schalottenwürfel mit 100 g Schinkenwürfeln in 50 g Butter braten. Mit 3 El gehackter Petersilie und 1–2 Tl Senf würzen. Die Farce abkühlen lassen.

400 g TK-Blätterteig auftauen, auf Mehl 3 mm dick ausrollen. Mit rohem Schinken (3 dünne Scheiben) belegen, mit der Hälfte der Farce bestreichen. Das Filet daraufleçen, mit der restlichen Farce bestreichen und mit 3 Scheiben Schinken belegen.

Den Blätterteig auf einer Seite über das Fleisch klappen. Die Kante mit verquirltem Eigelb bestreichen. Die andere Blätterteighälfte darüberklappen und festdrücken. Die Enden fest zusammendrücken. Aus den Teigresten Verzierungen schneiden und mit Eigelb aufkleben. Das Paket mit Eigelb bestreichen. Im vorgeheizten Ofen 25 Minuten bei 220 Grad (Gas 3–4, Umluft 200 Grad) backen. 10 Minuten ruhen lassen, dann erst mit einem Sägemesser aufschneiden.

Huhn im Salzteig

Für 4 Portionen: 2–3 kg grobes Meersalz mit 2 El Mehl, 5 Eiweiß und 150 ml Wasser zu einem klebrigen, bröckeligen Teig verrühren.

1 küchenfertige Poularde von 1 1/2 kg salzen und pfeffern. In den Innenraum ein Bündel aus Thymian- und Rosmarinzweigen und Salbei legen. Alufolie auf das Backblech legen. Etwas Salzteig daraufstreichen. Das Huhn daraufsetzen, rundherum dick mit Salzteig bedecken. Den Teig glätten und fest andrücken. Im vorgeheizten Backofen bei 200 Grad (Gas 3, Umluft 180 Grad) etwa 1 1/2 Stunden backen. Aus dem Ofen nehmen, 5 Minuten ruhen lassen. Die Kruste aufschlagen, in einzelnen Stücken abnehmen. Das Huhn herausnehmen und servieren.

Gefüllte Kohlbällchen

Wirsingbällchen

Für 4 Portionen:
4 große Wirsingblätter (nicht die Außenblätter) blanchieren, grobe Blattrippen herausschneiden. Feine Kohlblätter würfeln (6–8 El), mit 2 El Schalotten- und 1 Tl Knoblauchwürfel in 1 El Butter dünsten, mit 1 El Mehl bestäuben, 100 ml Sahne dazugießen, einkochen lassen. 1–2 El zerbröckelten Blauschimmelkäse und 2 El gehackte Walnußkerne unterrühren. Mit Salz, Pfeffer und Muskat würzen. 1 große Schöpfkelle mit Klarsichtfolie auslegen.
1 Wirsingblatt hineinlegen, 1/4 der Füllung auf das Wirsingblatt geben. Mit Hilfe der Folie einen Ball aus dem Blatt drehen. Die übrigen 3 Bällchen ebenso formen und ohne Folie in eine dick gebutterte Form setzen. Mit Thymian und Butterflöckchen bestreuen, salzen und wenig Geflügelbrühe dazugießen. Zugedeckt im vorgeheizten Backofen bei 200 Grad (Gas 3, Umluft 180 Grad) 20–25 Minuten garen.

Rotkohlbällchen

4 große Rotkohlblätter (nicht die Außenblätter) blanchieren, grobe Blattrippen herausschneiden. Aus 400 g Wildhackfleisch, 5 Wacholderbeeren, 1 El Thymianblättchen, 1 Rosmarinästchen, 2 El Croûtons, Salz, Pfeffer und 20 ml Cognac eine Füllung zubereiten. Die Bällchen so füllen und drehen wie beim Wirsing beschrieben. 1 El Butter erhitzen, 2 Thymian- und 2 Rosmarinzweige und 5 Wacholderbeeren dazugeben. Die Bällchen darin anbraten, dann 200 ml Wildfond dazugeben und die Bällchen in 20–25 Minuten bei milder Hitze zugedeckt garen.

Gemüse schonend dünsten

Gemüse zubereiten

Für 2 Portionen:
300 g Gemüsestifte (Staudensellerie, Kohlrabi, Möhren) tropfnaß mit 80 g Butter in einen flachen breiten Topf geben. 20 g Butter und 2 geschälte Zitronenscheiben darauflegen, mit Salz und Pfeffer würzen. Den Topf mit einem festsitzenden Deckel verschließen. Das Gemüse bei milder Hitze und unter gelegentlichem Rütteln in etwa 10 Minuten bißfest garen.

Vegetarischer Gemüsesalat

Das Gemüse mit einer Schaumkelle auf eine Platte geben. 100 ml warmen Gemüsefond mit 1 El Schalottenwürfeln, 1–2 El Essig, 2 El gehackter Petersilie, 1 El Kerbelblättchen, Salz, Pfeffer und 50 ml Olivenöl zu einer warmen Vinaigrette verrühren und über das Gemüse gießen.

Gemüsesalat mit Asia-Sauce

Das Gemüse mit einer Schaumkelle auf eine Platte geben. 100 ml warmen Gemüsefond mit 50 ml Orangensaft, 1/2 Bund gehacktem Koriandergrün, 1 Tl Currypulver, 1 frisch gewürfelten Chilischote mischen und salzen. Die Sauce über das warme Gemüse gießen. Dazu passen gegrillte Putenspieße.

Gemüsesalat mit Tomatensauce

Das Gemüse mit einer Schaumkelle auf eine Platte geben. 1 El Schalotten- und 1 El Knoblauchwürfel in 1 El Öl glasig dünsten. Mit 50 ml Gemüsefond ablöschen. 1 El Kapern und 1 El Thymianblättchen zugeben. 120 ml Tomatensaft zugießen, salzen und pfeffern. Die Sauce über das Gemüse gießen. Dazu passen Steaks.

LAFERS PROFITIPS

Lammrücken

Würzige Krusten

Lammrücken und Lammfilets

Den Lammrücken (2,3 kg) vom Metzger parieren und die Rippenknochen freischaben lassen.

Vorbereitung:

Alle noch vorhandenen Sehnen und Häute abschneiden. Die Lammrückenfilets mit einem langen scharfen Messer rechts und links des Rückgrats tief einschneiden. Dabei das Fleisch auch etwas von den Rippenbögen herunterschneiden.

Den Lammrücken umdrehen. Die echten Lammfilets mit einem scharfen Messer unter den Rippen herauslösen und putzen.

Gekräuterte Lammfilets

Für 1 Portion:
3 El Olivenöl in einer Pfanne erhitzen. 2 Lammfilets (à 50–60 g) darin mit 4 ungeschälten Knoblauchzehen, 4 Thymian- und 2 Rosmarinzweigen kurz braten. Dabei 20 g Weißbrotwürfel mitbraten. Die Filets erst kurz vor dem Wenden salzen und pfeffern und dann auf einem Salat anrichten (hier Kopfsalat, Rucola, Kirschtomaten und Kerbel).

Marinierter Lammrücken

Für 8–10 Portionen:
Für die Kräuterpaste 1 El feingehackte Thymianblättchen, 1 El feingehackte Rosmarinnadeln, 5 große, geschälte Knoblauchzehen, 10 grob zerstoßene schwarze Pfefferkörner, grob abgeriebene Schale von 1/2 unbehandelten Zitrone, 100 g in Streifen geschnittene, getrocknete Tomaten mit 150 ml Olivenöl in der Küchenmaschine fein pürieren. Die Kräuterpaste tief in die Einschnitte des Lammrückens streichen. Den Lammrücken in Klarsichtfolie wickeln. Das Fleisch über Nacht im Kühlschrank marinieren.

Den vorbereiteten Lammrücken salzen und pfeffern, in 4 El Olivenöl anbraten, im vorgeheizten Backofen auf der 2. Einschubleiste von unten 20–25 Minuten bei 200 Grad braten (Gas 3, Umluft 180 Grad), aus dem Backofen nehmen, in Alufolie wickeln und 10 Minuten ruhen lassen.

Kräuterkruste

Für 1–1 1/2 kg Roastbeef:
150 g zimmerwarme Butter schaumig rühren, salzen und pfeffern, 2 Tl Senf unterrühren, mit je 1 El gehacktem Thymian, Rosmarin, Kerbel und 2 El gehackter Petersilie würzen. 60 g Weißbrotkrume unterrühren.

Die Paste im Gefrierbeutel ausrollen und in das Gefriergerät geben.

Ein entsprechend großes Teil der Kräuterplatte mit der Folie ausschneiden, mit der Folie auf rosa gebratenes Roastbeef geben und die Folie abziehen. Das Roastbeef unter dem Grill 5–6 Minuten gratinieren.

Meerrettichkruste

Für 4 6 Zanderfilets (à ca. 120 g):
150 g Butter schaumig rühren, salzen, mit 4–5 El frisch geriebener Meerrettichwurzel, 1 Tl gehacktem Zitronenthymian, 1 Prise Zucker würzen. 60 g Weißbrotkrume unterziehen. Weiter verfahren wie bei der Kräuterkruste.

Die Meerrettichkruste auf die gebratenen Zanderfilets geben und 5–8 Minuten gratinieren. Auf Porreegemüse anrichten.

Pilzkruste

Für 4 Poulardenbrüste (à ca. 120 g):
150 g Butter schaumig rühren, salzen und pfeffern. 100 g große rosa Champignons und 100 g Köpfe von Shiitake-Pilzen fein würfeln, mit 30 g Schalotten- und 1 Tl Knoblauchwürfeln in 30 g Butter braten, bis sie trocken sind. Mit getrockneten Steinpilzen aus der Mühle würzen. 2 El gehackte Petersilie unterziehen. Die Pilzfarce kalt werden lassen, unter die Butter rühren und 60 g Weißbrotkrume untermischen. Weiter verfahren wie bei der Kräuterkruste.

Die Pilzkruste auf die gebratenen Poulardenbrüste legen und 5–8 Minuten gratinieren.

Herzhaft und süß: Schmarren

Wirsingschmarren

Für 2–4 Portionen:
100 g Mehl mit 180 ml Milch verrühren. 30 g flüssige Butter unterrühren, salzen. 4 Eier unter den Teig rühren. 50 g Schalotten- und 100 g Speckwürfel in 40 g Butter anbraten. 250 g Wirsingrauten untermischen. Den Schmarrenteig darübergießen, mit Chili würzen, mit Deckel bei milder Hitze 5–8 Minuten braten, bis der Schmarren stockt. Umdrehen und mit 2 Pfannenwendern zerreißen.

Grießschmarren

Für 2–4 Portionen:
250 ml Milch mit 30 g Butter, 100 g Hartweizengrieß und 1 Prise Salz zu bröckeligem Brei kochen und etwas abkühlen lassen. Brei in einer Pfanne in 30 g Butter anbraten. 40 g Rosinen (in 2–3 El Rum eingeweicht), etwas abgeriebene Zitronenschale, 40 g Mandelblättchen und 30 g Zucker unterschwenken. Schmarren auf einem Teller mit Beerenkompott und Puderzucker anrichten.

Beerenkompott

Für 6–8 Portionen:
50 g Zucker schmelzen, mit 100 ml Orangensaft ablöschen. 300 ml Johannisbeersaft, 100 ml Rotwein und 1 Zimtstange dazugeben, aufkochen, in 5 Minuten etwas einkochen. 2 Tl Speisestärke mit wenig Wasser anrühren, den Sud damit binden, heiß über 600 g gemischte Beeren gießen und kalt werden lassen.

Sabayon-Variationen

Sabayon

Für 4–6 Portionen:
4 Eigelb, 80 g Zucker, 140 ml Weißwein, abgeriebene Schale von je 1/2 Orange und Zitrone (unbehandelt) im Schneekessel über dem heißen Wasserbad mit dem Schneebesen (nicht mit dem Handrührer!) in 3–4 Minuten schaumig-cremig aufschlagen (fürs Volumen), vom Wasserbad nehmen und kalt noch etwas weiterschlagen (für die Stabilität).

Gratinierte Sommerbeeren

Für 4–6 Portionen:
500 g Sommerbeeren (Erdbeeren, Johannisbeeren, Himbeeren und Preiselbeeren) in einer ofenfesten Form mit 4 El Orangenlikör marinieren. Sabayon auf Eiswürfeln kaltrühren. 1–2 El geschlagene Sahne in den kalten Sabayon rühren. Den Sabayon auf die Früchte geben, gut verteilen und unter dem Grill 5–7 Minuten überbacken. Vor dem Servieren mit Puderzucker bestreuen.

Beeren-Cocktail

Für 6–8 Portionen:
500 g Sommerbeeren (Erdbeeren, Johannisbeeren, Himbeeren und Preiselbeeren) als Kompott zubereiten wie links beschrieben. In ein Glas gcbcn. Den warmen Sabayon darübergießen, mit Zitronenmelisse garnieren und sofort servieren.

PRAKTISCHE GERÄTE FÜR DIE KÜCHE

Kugeln für den Pâtissier
Für Gebäck, Creme und Eis: Timbaleformen aus Edelstahl, die man ins heiße Wasserbad und ins Gefriergerät stellen kann.

Zum Kochen und Dünsten
Aus blankem Edelstahl mit Sandwichboden: der Kochtopf zum Kochen und Schmoren. Dazu der gelochte Einsatz zum besonders schonenden Dünsten von Fisch und Gemüse.

Hängt in der Küche und macht sich nützlich
Vier Küchenhelfer, die die Arbeit leichter machen (von links nach rechts): Heber zum Wenden und zum Zerteilen von Aufläufen, geschlossene und gelochte Schaumkelle zum Entfetten, Abtropfen und Servieren und schließlich der Kartoffelstampfer, ohne den es kein selbstgemachtes Püree gibt.

Grillen auf dem Herd
In dieser geriffelten Pfanne aus beschichtetem Aluguß braten Sie mit wenig Fett, und Fleisch und Fisch bekommen die typischen Streifen des Grillrostes. Die eckige Pfannenform bietet mehr Platz als die runde und ist auch praktisch beim Braten von Spießen.

Farbe auf den Tisch!

In den Trendfarben Gelb und Blau wird der Tisch gedeckt. Zum Service gehören nicht nur Teller, Tassen und Platten, sondern auch runde und ovale Auflaufformen, Becher und Schälchen fürs Müsli.

Rund und praktisch

Ideal zum Schlagen von Saucen, Eischnee und Cremes: der runde Kessel und der Schneebesen aus Edelstahl.

Johann Lafer legt nicht nur großen Wert auf Lebensmittel von bester Qualität – auch die Ausstattung der Küche muß optimal sein. Neben einem zuverlässig funktionierenden Herd sind es oft die kleinen Küchenhelfer, die die Arbeit leichter machen und zum guten Gelingen beitragen. Eine kleine Auswahl an hochwertigen Geräten, die Johann Lafer in seinen Sendungen verwendet hat, stellen wir hier vor.

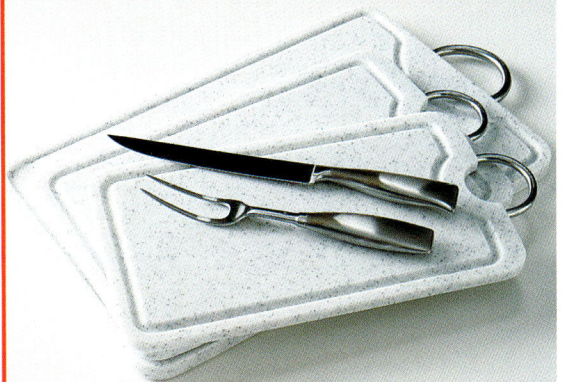

Glänzende Rolle

Wenn Sie diese Kuchenrolle aus Edelstahl zum Vorkühlen in den Kühlschrank legen, lassen sich schwierige Teige und Marzipan besonders gut ausrollen.

Für Braten

Zum Zerteilen von Fleisch: Bretter aus hochwertigem Kunststoff mit rundumverlaufender tiefer Saftrille (in drei Größen) und das Tranchierbesteck aus Edelstahl mit ergonomisch geformten Griffen.

REZEPTREGISTER

VORSPEISEN

Bratwurst-Käse-Spieße im Speckmantel **28**
Chickenwings **19**
Eisbergsalat mit Bärenfang-Vinaigrette **19**
Garnelenspieße mit Tomatenkompott **15**
Gegrillte Bananen mit
  Schokoladensauce **29**
Gegrillte Poulardenbrust mit
  Joghurt-Gurken-Sauce **28**
Gemüsekuchen mit Tomatensauce
  mit Basilikum **25**
Gewürzkrapfen mit Orangenkompott **21**
Hackfleisch-Kipferl **21**
Kaninchenspieße mit Oreganobutter
  und Chilisauce **29**
Kartoffelsuppe mit Steinpilzen **17**
Lammquiche mit Spinat **13**
Lammsülze mit Gemüse **23**
Scharfer Putenbrustsalat mit Chili **11**
Sauerkraut-Reibekuchen mit Lachstatar **9**
Wirsing-Halbmonde mit Johannisbeer-
  Senf-Sauce **21**

HAUPTGERICHTE

Bratengröstel **59**
Eisbein aus dem Thymiansud **67**
Gefüllte Paprikaschoten mit
  Pfifferlingrahmsauce **43**
Gefüllte Schweinerippe mit
  Weiße-Bohnen-Ragout **57**
Gefüllter Schweinerollbraten
  mit Kümmelsauce **37**
Gefüllter Wirsing mit brauner
  Kümmelbutter **55**
Geschmorte Hasenkeule mit
  Lebkuchensauce **71**
Glasierter Schweinebraten mit
  Quittenkompott **63**
Gratiniertes Rinderfilet mit
  Steinpilz-Sabayon **83**
Kalbsrahmgulasch **45**
Kalbsschulter im Thymiansud **77**
Kartoffelpüree und Feldsalat mit Speck-
  Vinaigrette und Kartoffel-Chips **79**
Lachsforellen-Bällchen **47**
Lafers Backhendl **69**
Lammeintopf mit Bohnen **49**
Minutensteaks auf Wintersalat **31**
Pochierter Kalbsrücken mit Speck-
  Salbei-Sauce **53**
Pochiertes Schweinefilet mit Raukepesto
  und Salat **33**
Rehschnitzel mit Mandelkruste und
  lauwarmem Rotkohlsalat **65**
Rinderschmorbraten mit
  Sommergemüse **39**
Sauerbraten-Rouladen **61**
Scharfes Geschnetzeltes mit Zwetschgen
  und Birnen **41**
Schweinehackbällchen mit Mozzarella **51**
Spieße vom Schweinenacken mit
  Spinatsalat und Knoblauch-Chips **75**
Süß-sauer eingelegte Schweine-
  nackensteaks **35**
Süß-saures Schweinscarré mit dreierlei
  Zwiebeln und Schneekartoffeln **81**
Wintereintopf mit Ochsenwade und
  Petersilien-Pesto **73**

BEILAGEN

Bohnengemüse **87**
Endiviensalat mit Pfeffer-Vinaigrette **91**
Gefülltes Baguette **86**
Glasierte Rübchen **85**
Karamelisierte Schmorgurken **93**
Kartoffelpüree mit Meerrettich **90**
Lafers steirisches Kürbisgemüse **88**
Orangennudeln **94**
Porreesalat mit Schnittlauch-Vinaigrette **95**
Rote-Bete-Salat mit Orangen **84**
Sauer eingelegtes Gemüse **89**
Semmelauflauf **92**

DESSERTS

Apfelauflauf mit Zimt-Crème-fraîche **107**
Gefüllte Birnen mit Mandel-Sabayon **103**
Geschmorte Birnen mit Vanilleeis und
  Karamelsplittern **99**
Gestürzte Orangencreme **109**
Heidelbeerschmarren **101**
Marillenknödel mit
  geeister Vanillesauce **111**
Pralinen-Eisparfait **113**
Quark-Schaumomelett mit
  Aprikosenkompott **105**
Sektkaltschale mit Sommerbeeren und
  Minze-Joghurtschaum **97**

BACKEN

Apfel-Puddingtorte **123**
Aprikosentarte mit Marzipansabayon **115**
Gefüllte Windbeutel und Eclairs mit
 gestreifter Schokoladenmousse **129**
Lafers Mohrenköpfe **133**
Lafers Panettone **127**
Savarin mit Traubenkompott **121**
Schokoladen-Birnentarte **125**
Spritzkuchen **119**
Vanilletörtchen mit Nektarinenkompott **117**
Warmer Nußkuchen mit
 Portweinfeigen **131**
Weihnachtsstollen **135**

PROFITIPS

Apfel-Chutney **147**
Beeren-Cocktail **153**
Beerenkompott **153**
Blätterteig-Äpfel **144**
Blitz-Mayonnaise **147**
Bœuf à la ficelle **137**
Bruschetta mit Basilikum-Steinpilzen **142**
Bruschetta-Sandwich **139**
Cremesauce **147**
Ente mit Orangenglasur **143**
Filet Wellington **150**
Forelle blau **149**
Gedämpfte Kalbsmedaillons **137**
Gedämpfte Poulardenbrustbällchen **142**
Gefüllte Apfelchip-Türme **146**
Gefüllte Kartoffeln **141**
Gefüllte Kohlrabi **141**
Gefüllte Zucchini **141**
Gekräuterte Lammfilets **152**
Gemüsesalat mit Asia-Sauce **151**
Gemüsesalat mit Tomatensauce **151**
Geröstetes Brot mit Steinpilzsalat **142**
Gespickte Kartoffel-Chips **136**
Gratinierte Sommerbeeren **153**
Grießschmarren **153**
Hefe-Grundteig **145**
Huhn im Salzteig **150**
Kalbschnitzelchen mit Salbei **148**
Kalter Gemüsedrink **143**
Kartoffel-Grundteig **148**
Kartoffelpüree-Grundmasse **146**
Kartoffelpüree mit Kräutern **146**
Kartoffelpüree-Soufflé **146**
Klassische Kalbfleischbällchen **142**

Kräuterkruste (zu Roastbeef) **152**
Lammschnitzel **139**
Lammschnitzelchen mit Rosmarin **148**
Leberwurst-Maultaschen **148**
Lorbeer-Schokoblätter **140**
Mango-Chutney **147**
Marinierte Schweinefilets **148**
Marinierter Lammrücken **152**
Meerrettichkruste (zu Zanderfilet) **152**
Melonenkaltschale mit Gewürztraminer **143**
Mohnknödel **148**
Nußrolle **145**
Orangen-Mousse **149**
Pilzkruste (zu Poulardenbrust) **152**
Pochierte Schweinelende aus dem
 Gewürzsud **137**
Quarksoufflé für Fortgeschrittene **138**
Räucheraal-Rösti aus rohen Kartoffeln **150**
Rösti aus gekochten Kartoffeln **150**
Rotkohlbällchen **151**
Sabayon **153**
Salbei-Chips **136**
Schnittlauch-Vinaigrette **147**
Schoko-Erdbeeren **140**
Schoko-Korb **140**
Schoko-Marzipan **140**
Schweinebraten mit Bierglasur **143**
Sesamhippe mit herbstlichem
 Obstsalat **146**
Soleier **149**
Soufflé **138**
Soufflé-Grundmasse für Anfänger **138**
Strammer Max mit Steinpilzen **142**
Süß-saure Rosinensauce **149**
Tarte Tatin **144**
Tellersülze mit Poularde **144**
Tomaten-Chutney **147**
Vegetarischer Gemüsesalat **151**
Wiener Schnitzel auf Lafers Art **139**
Wirsingbällchen **151**
Wirsingschmarren **153**
Würz-Poularde **145**
Zimt-Mousse **149**
Zitronensorbet mit Basilikum **143**

REZEPTREGISTER von A bis Z

A
Apfelauflauf mit Zimt-Crème-frâiche **107**
Apfelchip-Türme, gefüllte **146**
Apfel-Chutney **147**
Apfel-Puddingtorte **123**
Aprikosentarte mit Marzipansabayon **115**

B
Baguette, gefülltes **86**
Bananen, gegrillte, mit Schokoladensauce **29**
Beeren-Cocktail **153**
Beerenkompott **153**
Birnen, gefüllte, mit Mandelsabayon **103**
Birnen, geschmorte, mit Vanilleeis und Karamelsplittern **99**
Blätterteig-Äpfel **144**
Blitz-Mayonnaise **147**
Bœuf à la ficelle **137**
Bohnengemüse **87**
Bratengröstel **59**
Bratwurst-Käse-Spieße im Speckmantel **28**
Brot, geröstetes, mit Steinpilzsalat **142**
Bruschetta mit Basilikum-Steinpilzen **142**
Bruschetta-Sandwich **139**

C
Chickenwings **19**
Chilisauce **29**
Cremesauce **147**

D
Dekoration mit Kuvertüre **140**

E
Eisbein aus dem Thymiansud **67**
Eisbergsalat mit Bärenfang-Vinaigrette **19**
Endiviensalat mit Pfeffer-Vinaigrette **91**
Ente mit Orangenglasur **143**

F
Filet Wellington **150**
Forelle blau **149**

G
Garnelenspieße mit Tomatenkompott **15**
Gedämpfte Kalbsmedaillons **137**
Gedämpfte Poulardenbrustbällchen **142**
Gefüllte Apfelchip-Türme **146**
Gefüllte Birnen mit Mandelsabayon **103**
Gefüllte Kartoffeln **141**
Gefüllte Kohlrabi in der Kartoffelkruste **141**
Gefüllte Paprikaschoten mit Pfifferlingrahmsauce **43**
Gefüllte Schweinerippe mit Weiße-Bohnen-Ragout **57**
Gefüllte Windbeutel und Eclairs mit gestreifter Schokoladensauce **129**
Gefüllter Schweinerollbraten mit Kümmelsauce **37**
Gefüllter Wirsing mit brauner Kümmelbutter **55**
Gefülltes Baguette **86**
Gefüllte Zucchini **141**
Gegrillte Bananen mit Schokoladensauce **29**
Gegrillte Poulardenbrust **28**
Gekräuterte Lammfilets **152**
Gemüsedrink, kalter **143**
Gemüsekuchen **25**
Gemüsesalat mit Asia-Sauce **151**
Gemüsesalat mit Tomatensauce **151**
Gemüse, sauer eingelegtes **89**
Gemüsesalat, vegetarischer **151**
Geröstetes Brot mit Steinpilzsalat **142**
Geschmorte Birnen mit Vanilleeis und Karamelsplittern **99**
Geschmorte Hasenkeule mit Lebkuchensauce **71**
Geschnetzeltes, scharfes, mit Zwetschgen und Birnen **41**
Gespickte Kartoffelchips **136**
Gestürzte Orangencreme **109**
Gewürzkrapfen **21**
Glasierte Rübchen **85**
Glasierter Schweinebraten mit Quittenkompott **63**
Gratinierte Sommerbeeren **153**
Gratiniertes Rinderfilet mit Steinpilz-Sabayon **83**
Grießschmarren **153**

H
Hackfleisch-Kipferl **21**
Hasenkeule, geschmorte, mit Lebkuchensauce **71**
Hefe-Grundteig **145**
Heidelbeerschmarren **101**
Huhn im Salzteig **150**

J

Joghurt-Gurken-Sauce mit Aprikosen **28**
Johannisbeer-Senf-Sauce **21**

K

Kalbfleischbällchen, klassische **142**
Kalbschnitzelchen mit Salbei **148**
Kalbsmedaillons, gedämpfte **137**
Kalbsrahmgulasch **45**
Kalbsrücken, pochierter,
 mit Speck-Salbei-Sauce **53**
Kalbsschulter im Thymiansud **77**
Kalter Gemüsedrink **143**
Kaninchenspieße mit Oreganobutter **29**
Karamelisierte Schmorgurken **93**
Kartoffel-Chips, gespickte **136**
Kartoffel-Chips, raffinierte **136**
Kartoffel-Grundteig **148**
Kartoffeln, gefüllte **141**
Kartoffelpüree mit Kräutern **146**
Kartoffelpüree mit Meerrettich **90**
Kartoffelpüree-Soufflé **146**
Kartoffelpüree und Feldsalat mit
 Speck-Vinaigrette und Kartoffel-Chips **79**
Kartoffelsuppe mit Steinpilzen **17**
Kohlrabi, gefüllte, in der Kartoffelkruste **141**
Kräuterkruste (zu Roastbeef) **152**
Kuvertüre **140**

L

Lachsforellen-Bällchen **47**
Lafers Backhendl **69**
Lafers Mohrenköpfe **133**
Lafers Panettone **127**
Lafers steirisches Kürbisgemüse **88**
Lammeintopf mit Bohnen **49**
Lammfilets, gekräuterte **152**
Lammquiche mit Spinat **13**
Lammrücken, marinerter **152**
Lammschnitzel **139**
Lammschnitzelchen mit Rosmarin **148**
Lammsülze mit Gemüse **23**
Lauwarmer Rothkohlsalat **65**
Leberwurst-Maultaschen **148**
Lorbeer-Schokoblätter **140**

M

Mango-Chutney **147**
Marillenknödel **111**
Marinierter Lammrücken **152**
Marinierte Schweinefilets **148**
Marzipansabayon **115**
Meerrettichkruste (zu Zanderfilet) **152**
Melonenkaltschale mit Gewürztraminer **143**
Minutensteaks auf Wintersalat **31**
Mohnknödel **148**

N

Nußkuchen, warmer, mit Portweinfeigen **131**
Nußrolle **145**

O

Orangencreme, gestürzte **109**
Orangenkompott mit Grapefruits **21**
Orangen-Mousse **149**
Orangennudeln **94**

P

Paprikaschoten, gefüllte, mit
 Pfifferlingrahmsauce **43**
Petersilien-Pesto **73**
Pilzkruste (zu Poulardenbrust) **152**
Pochierte Schweinelende
 aus dem Gewürzsud **137**
Pochierter Kalbsrücken
 mit Speck-Salbei-Sauce **53**
Pochiertes Schweinefilet mit Raukepesto
 und Salat **33**
Porreesalat mit Schnittlauch-Vinaigrette **95**
Poulardenbrust, gegrillte **28**
Poulardenbrustbällchen, gedämpfte **142**
Pralinen-Eisparfait **113**
Putenbrustsalat, scharfer, mit Chili **11**

Q

Quark-Schaumomelett mit
 Aprikosen kompott **105**
Quarksoufflé für Fortgeschrittene **138**

REZEPTREGISTER

R

Räucheraal-Rösti aus rohen Kartoffeln **150**
Rehschnitzel mit Mandelkruste **65**
Rinderfilet, gratiniertes, mit Steinpilz-Sabayon **83**
Rinderschmorbraten mit Sommergemüse **39**
Rösti aus gekochten Kartoffeln **150**
Rote-Bete-Salat mit Orangen **84**
Rotkohlbällchen **151**
Rotkohlsalat, lauwarmer **65**
Rosinensauce, süß-sauer **149**
Rübchen, glasierte **85**

S

Sabayon **153**
Salbei-Chips **136**
Sauerbraten-Rouladen **61**
Sauer eingelegtes Gemüse **89**
Sauerkraut-Reibekuchen mit Lachstatar **9**
Savarin mit Traubenkompott **121**
Sektkaltschale mit Sommerbeeren und Minze-Joghurtschaum **97**
Semmelauflauf **92**
Sesamhippe mit herbstlichem Obstsalat **146**
Soleier **149**
Sommerbeeren, gratinierte **153**
Soufflés (Grundmasse mit Variationen) **138**
Spieße vom Schweinenacken mit Spinatsalat und Knoblauch-Chips **75**
Spritzkuchen **119**
Strammer Max mit Steinpilzen **142**
Süß-sauer eingelegte Schweinenackensteaks **35**
Süß-saure Rosinensauce **149**
Süß-saures Schweinscarré mit dreierlei Zwiebeln **81**

SCH

Scharfer Putenbrustsalat mit Chili **11**
Scharfes Geschnetzeltes mit Zwetschgen und Birnen **41**
Schmorgurken, karamelisierte **93**
Schneekartoffeln **81**
Schnittlauch-Vinaigrette **147**
Schnitzel, Wiener, auf Lafers Art **139**
Schoko-Erdbeeren **140**
Schoko-Korb **140**
Schokoladen-Birnentarte **125**
Schoko-Marzipan **140**
Schweinebraten, glasierter, mit Quittenkompott **63**
Schweinefilets, marinierte **148**
Schweinebraten mit Bierglasur **143**
Schweinefilet, pochiertes, mit Raukepesto und Salat **33**
Schweinehackbällchen mit Mozzarella **51**
Schweinelende, pochierte, aus dem Gewürzsud **137**
Schweinenackensteaks, süß-sauer eingelegte **35**
Schweinerippe, gefüllte mit Weiße-Bohnen-Ragout **57**
Schweinerollbraten, gefüllter, mit Kümmelsauce **37**
Schweinscarré, süß-saures, mit dreierlei Zwiebeln **81**

T

Tarte Tatin **144**
Tellersülze mit Poularde **144**
Tomaten-Chutney **147**
Tomatensauce mit Basilikum **25**

V

Vanilletörtchen mit Nektarinenkompott **117**
Vegetarischer Gemüsesalat **151**

W

Warmer Nußkuchen mit Portweinfeigen **131**
Weihnachtsstollen **135**
Wiener Schnitzel auf Lafers Art **139**
Windbeutel und Eclairs, gefüllte, mit gestreifter Schokoladensauce **129**
Wintereintopf mit Ochsenwade **73**
Wirsing, gefüllter, mit brauner Kümmelbutter **55**
Wirsingbällchen **151**
Wirsing-Halbmonde **21**
Wirsingschmarren **153**
Würz-Poularde **145**

Z

Zimt-Mousse **149**
Zitronensorbet mit Basilikum **143**
Zucchini, gefüllte **141**